Tachibana
Shinsyo
TS

これから
どうした

夏目そうしき
又の名を 深見東州

TTJ・たちばな出版

本書は、『それからどうした』（平成八年一月弊社より刊行）を改訂した『あなたのしらない幸福論』（平成十二年二月弊社より刊行）を一部改訂し、あらたに『それからどうした』として発行したものです。

はじめに

本書タイトルの『それからどうした』は、あなたが人生上の様々な出来事や事件に遭遇した時に、あなたがどう判断し、どう対処したのか、そんな意味あいを込めてつけたものである。

人生は常に、右にするか左にするかの選択の連続だ。そして、事あるごとのその判断一つで、幸せにも不幸にもなるのであるから、何を基準にして考え、答えを出すかが重要なポイントになってくる。

本書では、人として知っておくべき、さまざまな真実を説いてみた。

それを知った上で起こす行動と、知らないで起こす行動とは、全く別のものになるにちがいない。片や幸せへの道、片やますます困難への道。

だから幸せの法則を知らないということは、実にもったいないことである。

人の一生涯で経験して得る知識は、その量、内容においておのずと限界がある。

古今東西、世の成功者たちは皆、先人が悟った人生の教訓を書物から学び、自分の人生の道しるべとしていったのだ。経営者たちが読む雑誌に「歴史上の人物から学ぶリーダーシップ」等々の特集がよく組まれるのも、先人たちの生き様から学べるものがいかに多いかを、端的に物語っているといえよう。

本書には、釈尊、臨済宗中興の祖の白隠禅師、豊臣秀吉、清水次郎長をはじめ、多くの歴史上の人物が登場する。

これからのあなたの人生がどのように展開していくにしろ、この書にある一つ一つの考え方と哲学は、あなたをいつも明るい前向きな人間とするべく、強くサポートしてくれることだろう。

あなたの大切な人生の一コマ一コマが、あなたの魅力を高め、運を開き、能力を増す有意義な瞬間となるように願って、この本を、あなたに贈呈するものである。

夏目そうしき

それからどうした ―― もくじ

第1章

人間の器を作る法……11

第2章

人は幸せになる義務がある

第3章

第4章

第5章

悪因縁はこれで切れる！…………135

第1章

人間の器を作る法

今現在を十二分に生きる

『中庸』に、

「君子はその位《くらい》に素《そ》して行い、そのほかを願わず」

というのがある。

これは今現在、自分の置かれている仕事、生活、場所で全力を上げて、十二分に生きる、ということだ。

上を見たり、下を見たり、右や左をキョロキョロ見て、〝隣の芝生はキレイに見える〟と、欲ばかり燃やすのではなく、〝他人は他人、オレはオレ〟と、老成して平々凡々とした生き方を求めるのでもない。只今、只今を精一杯に生き切る、神道の精神に相通ずる、人としての最高の生き様に他ならない。

例えば天下人となった豊臣秀吉にしても、初めから天下を望んでそのために努力して天下人になったわけではない。

今太閤と言われた田中角栄は、新潟から上京し、苦労に苦労を重ねて総理大臣のイスを手にしたが、秀吉が生きた時代はもっと厳しい、民主主義よりも身分制度の厳しい時代だった。貧乏百姓のせがれが天下を狙うなんて、秀吉とて考えつくことではなかったのだ。

だから秀吉は「そのほかを願わず」、織田信長の馬の口取りをしている時には、馬の口取りを一生懸命に勤め、草履《ぞうり》取りとなったら、草履取りを一生懸命に勤めたのである。別に将帥になるために、と草履取りの技をみがいたわけではない。

他の同僚たちが、〝たかが草履取りではないか〟と考えて、可もなく不可もないそこそこの平均点で勤めている時に、日本一の草履取りを目指して、熱心に努力したのだ。ここのところを誤解すると、木下藤吉郎（のちの秀吉）の大出世話のエッセンスを見逃してしまう。

「そのほかを願わず」

草履取りのような仕事は、カッコ悪いからもっとカッコいい仕事をしたいよ、といった考えから、ほどほどに仕事をするのではその上も望めない。草履取りを任じられたら、日本一の草履取りになろうと努力するからこそ、雪の降る寒い朝、信長の草履を懐に入れて温める、といった考えが生まれてくる。

大体が草履取りが何十人、何百人いても、そういう発想をする男はこの秀吉以外にはいなかった。だからこそ信長にとり立てられ、それがきっかけとなってトントン拍子に出世して、やがて天下人となることができたのである。

秀吉は観音様に導かれていた。観音様というのは、三十三相に化身する変幻自在な存在だ。一つの役割、一つの生き方、それぞれの中に観音様の姿が現われている。ほどほどに生きよう、とする時には、観音様もほどほどの姿しか現れず、守護霊《しゅごれい》もほどほどにしか力を貸してくれない。草履取りの仕事はそれ自体重要な仕事ではないから、ほどほどにでもやりこなせるだろう。

しかし、秀吉の「日本一の草履取りになろう」という努力のなかには、一つの器を完成させることで、器でない器へと変化していく道が隠されている。与えられた器に徹し、その器をマスターすることで、次の抜擢への道が開かれてくるのだ。

草履を懐で温めた故事を知っている人は多いはずだ。けれど、それをどう理解していただろうか。秀吉の頓智《とんち》話か、ごますり話としかとらえていない人がほとんどではないだろうか？

しかし、世の中に小才がきく人間、ごますり人間は数知れずいる。だが、多少のオベンチャラで秀吉のように昇りつめた庶民はいないことを考えれば、何がポイントかわかるはずだ。

秀吉の時代も今も、生まれついて人の上のそのまた上に立てる人はそうはいない。ほとんどの人の社会人としてのスタートは、下積みから始まるし、下積みで終わる人も多い。しかし平社員だから、経理マンだから、セールスマンだから、あるいは自分が望んだポストではないから、又、自分に適した仕事がないからしばらくはアルバイトでもしながら、気ままにと考えていると、その人の人生はそこで行き止まりになってしまう。

やはり、目前の与えられた仕事、運命にベストを尽くすことこそが、一見遠回りに見えても、実は一番着実に、頂上に向かって前進している姿なのである。

キャバレー王の出世秘話

かつて、キャバレー王と異名を取った福富太郎が、大出世したきっかけの話も同様であった。ここで紹介してみよう。

彼はあるキャバレーの店員をしていた。ここまでは普通の若者と何ら変わりはない。しかし彼は、他のどこの店員よりも早く出勤し、努力しようと決めて実行したのだった。ある日彼は、いつものように開店前の誰一人いない店で、一人で一生懸命店内の掃除をしていた。そこにたまたま滅多に来ない店のオーナーがひょっこり現われた。そこに、一人黙々と掃除に精を出す一人の青年、福富太郎がいたわけだ。オーナーはいった。

「君、一人で何やってるの」

「ハイ。開店までにきれいにしておこうと思いまして」

「ホウ……、ところで君は名前は何というのかね」

「ハイ、福富といいます」

「そうか、えらいなー。まあ頑張ってくれたまえ」

そう言ってオーナーは去っていった。

その後間もなく、彼はその日のことが高く評価され、店長に抜擢され、高成績を上げて、大出世物語の幕は切って落とされるわけである。

彼は、オーナーに目立とうとして頑張ったのだろうか。いや、そうではない。まったく無心に、今与えられた環境、立場、運命の中で、精一杯生きていただけだったのである。運はそういうところから突然やって来るものなのだ。

秀吉の子守り時代

話を戻そう。只今、只今に一生懸命生きた豊臣秀吉が、天下人になった時、ある人が、

「太閤様の生涯で、一番辛かったことは何ですか」

とたずねた。すると秀吉は即座に、

「子供の頃の、子守り時代が一番辛かった」

と答えたそうだ。

発展途上国に行くと沢山いるが、現在の日本では見られなくなったもののひとつが、この「子供による、子供の子守り」だ。

保育園や幼稚園が整備され、あるいは経済が豊かになって核家族化した現代では見かけなくなったものの、昭和三十年代の初め頃までは、「子供による子供の子守り」は日本でも珍しいものではなく、ごく当たり前のことだった。

生活費の一部を稼ぐために、あるいは両親が働きに出た留守の家庭で、幼い弟や妹の面倒を見るために、「子供による子供の子守り」といった姿があった。

子供というのは、理屈よりも自分の感情を中心として生きている。わけもなく泣き出しては、「お母〜さ〜ん」と呼んでみたり、だだをこねたり、せがんでみたり、欲しがってみたり、それこそワガママの見本のようなものだ。

秀吉は貧しい家計を支えるために、子守り奉公をしていた。だから「子供のワガママに耐えられないから」「自分には適していないから」「気が向かないから」、といった理由で断るわけにはいかない。

あやしたり、なだめたり、機嫌を取ったりしながら子守りを続けたのだろう。

子供の心は刻々と変化して一分たりとも立ち止まらない。今これを喜んだかと思うと、すぐに別のものを欲しがる。それを与えると、ものの十分もしないうちにポイと投げ捨て、興味は他の方向へと移ってしまう。

その子供の、刻々と変化する気持ちを読み取って、子供の機嫌をそこなわないように努力する。おそらく意識しないところで「そのほかを願わず」と、子守りという器に徹したことが、秀吉が天下人となった最大の武器である〝人たらし〟の才能を身につけさせたということだ。

〝人たらし〟とは、相手の心を捉えることだ。この才覚があったからこそ、秀吉はその波瀾の人生の数々の切所で、ライバル達との抗争にことごとく勝ち得た。つまりは〝オベンチャラ〟の力だ。

特に最強のライバルであった徳川家康を叛《そむ》かせないために、ありとあらゆるオベンチャラを駆使したのだ。豊臣政権が、秀吉の死後日ならずして崩壊滅亡したことを見れば、この秀吉の〝人たらし〟の才覚がいかに重要だったかが知れる。

その才能が子守りの業で得られたのだ。子守りであっても草履取りであっても、その仕事に徹することによってこそ、道が開けることはお分かりいただけるはずだ。

最近の若い人たちは、ヨーロッパやアメリカの文明こそ、最も進んだ文明だと誤解していて、他人のことよりも自分のこと、自己主張ばかりを優先させることが、文明人でありカッコ良い生き方だと錯覚しているようだ。

ロビンソン・クルーソーではあるまいし、無人島で一人で生きているのなら、自己主張を優先させることもできようが、人間が〝社会〟という共同体の中で、互いに協力し合って生きている以上、秀吉の〝人たらし〟といわれるほどでなくても、絶えず相手の気持ちや感情への思いやりがなければ、共同体社会を維持することは不可能だ。

ヨーロッパやアメリカで、戦争や個人間の争いが絶えないのも、ピストルやライフルがスーパーで売られていて、互いに武器で自分を守らなければならないのも、その根本には自己主張こそ絶対であり、相手の心や感情をくみ取ることを拒む、といった他人に対する不信感があるからに他ならない。

話は脱線したが、秀吉の〝人たらし〟は、子守り時代に養われた才能が、その後様々な場所で「そのほかを願わず」という努力のなかで磨かれたもので、他人の感情や心の動きに非常に敏感であった、ということだ。これは相手の感情や心に、卑屈に迎合するということではなく、むしろ、相手の心や感情を上手に実現させてあげる、ということである。

自分に合わない仕事だから、しょせんオレたちは組織の歯車でしかないから、とにかく日常生活さえ何とか過ごせればいいから……、ということで、今与えられている器に徹しないとするなら、観音様や守護霊から見ると、その人は本当はその器に徹するだけの、実力も熱意も能力もないだけの、ただ表面的にカッコづけをしている根の無い浮草のようなものでしかない。

「君子はその位に素して行い、そのほかを願わず」

自分が今置かれている場所、地位、生活の中で、誰よりも一生懸命努力をしたならば、神様や守護霊が見ていて、自然に自分の望む方へ、その人の才能を発揮できる方へ、良い方へと進ませてくれるのである。

心の幸せとモノの幸せと

子育てを終えて、ホッと一息入れた年令に達した中年女性の離婚が増えているという。自分は今まで夫や子供のために犠牲となっていたのだから、これからは自分一人で、自由にのびのびと生きたいように生きたい、といった理由からとのことだ。

しかしよく見れば、夫や子供のために自分の人生を犠牲にしてきた、といった考え方には、思い上がりがあるような気がする。女性が夫や子供のために、自分のしたいことや楽しみたいことを犠牲にしてきたのなら、男性も又、妻や子供のために自分の気持ちや心を殺して、仕事に励んできたのだ。

子供たちにしても、両親のために、本当はのびのびと遊びたい心を殺して、塾へと通い、受験戦争に邁進して来たのである。

人が生きていくのは、神様から与えられた立場の中で、どれだけ修業を積んでいけるのか、ということだ。それは、自分のことばかりを主張するのではなく、他人のためにどれだけ生きられるか、ということでもある。

ひところ〝ウーマン・リブ〟旋風が吹き荒れ、男性社会に対する反乱ということで、家事も共同、育児も共同、そしてシングル・ライフこそ、女の自立のシンボルのように言われたことがあった。

私たちがこの世に生まれたのは、前世までに行なった徳分によって神様が、「今度は、あそこに行きなさい」と命じられて誕生したわけだから、今の生活を充実させることをしないで、反抗するということは神様に反抗するということになる。

家庭に縛られたくない。子供を育てることで自由を束縛されたくない。酒を飲み、いろいろな男性と交際し、気ままに自分のやりたいこと、楽しみたいことをやりたいんだ、という女性は、それだけ自分の徳分《とくぶん》が消えていっているということだ。

幸せの根源というものは、目に見えない無形《むけい》の天徳《てんとく》というもので、これが有形な形の富や財産、地位や名誉、夫（妻）の喜びや子供の喜び、といったものへと還元される。

その徳分を自分の趣味や楽しみ、気ままな生活のために浪費していたのでは、どんどん幸せの確率を低くしていくようなものといえる。

どんなに才能のある人でも、一〇〇点満点の人生を送ることはできない。社会的な成功を手に入れるためには、家庭や子供とのつき合いを犠牲にしなければならないし、家庭や子供を大切にすれば、社会的な成功を犠牲にしなければならない。

どんな人でも、自分だけの徳分で生きているわけではなく、両親や先祖の徳分を受け継いで生きている。だから自分の子供を生み、徳分を子供に与えることは、人生の義務でもあるわけだ。

親や先祖から受け継がれた生命を、子供を通じて子孫に残していく。それは、私たちに与えられた大切な使命だ。それなのに、夫や子供のために自己を犠牲にしてきたと考えるのは、あまりにも自分勝手な考え方で、決して幸せな人生を送ることはできなくなる。

この世における修業とは、自分をどこまで犠牲にして、他人のために尽くせるかということだ。自分の分身である子孫のために尽くすことは、むしろ、喜びであり、楽しみでなければならない。そのように徳を積むことで私たちは、転生再生した時に、霊的ランクの上がった世界に生まれ変わることになるのだから。

子供を三人育てると天国に行ける

子供を育てることとは、自分を犠牲にして苦労しながら、自分の徳分を積んでいくことだ。だから、男女に関わらず三人の子供を立派に育て、人格を完成させ、社会に役立つように育てたら、そのお母さんは他にこれといって何もしなくても、文句なく天国界の、第三天国（天国界上・中・下の下段）のいいところに入れる。

子育てというのは、子供に対して自分の徳分を投資しているようなものだ。自分の目に見えない徳分をお金と考えたなら、それで土地を買ったり、株を買ったりして投資をして増やすのと同じだ。

徳分が現実のお金と違うのは、子供を立派に育てることで、その子供が社会のために役立つことによって、お母さんの功徳《くどく》となって還元されてくる、ということである。

それは、現実のお金のように目には見えず、あまりはっきりした形となって現われはしないから、それだけに気苦労も多く悩みも多くなる。しかし、その苦しみや悩みの積み重ねが、功徳となって天国への扉を開いてくれると信じきることが大切だ。

世の中には子育てがしたくてもできない人もいるのに、子育てをただ苦労と感じるのは、ぜいたく過ぎると言うこともできる。

過保護に育てるのが最高の徳

子供は六歳ぐらいまでに脳細胞のネットワークを完成させる。脳の発達心理学によると、六歳くらいまでに脳のコンピュータはできてしまう。

この時に、数の概念とか、文章概念、類推力、色の感覚といったものものできあがる。人間の頭脳を九十六種類に分けて、それをバランスよく錬磨していこうというギルフォードという人が考えだした方式によると、一〜六歳までの間は人間の一生涯の基礎を作る大切な時だから、なるべく母親が子供と一緒に過ごせるようにすべきだと言う。肌と肌の触れ合いでお母さんの温もりを伝えるようにしないと、心のいびつな子供が育ってしまうのだそうだ。

自立する女だ、あるいはキャリア・ウーマンだ、といった美名に隠れて、仕事にばかり熱中したり、自分の趣味や楽しみを優先させたりすることで、教育のチャンス、天の時を逃すと、いずれ天の報いを受けて悔いを大きくすることになる。

この頃は、親が過保護に育てたので自立しない子が多いと良く言われる。しかし、これは間違いだと私は思う。今の親たちの中で、本当に過保護にしている人が何人いるか。むしろ「不保護」ではないかと思うのだ。

過保護に育てることとは、無条件に子供の言うことを受け入れて、甘やかすことではない。なるべく一緒に過ごしてあげて、ふれあってあげるという意味の「過保護」を、もっと実践することをお勧めする。仕事を持っていて、子供と一緒に過ごす時間が少ないから、子供に申し訳ない、可哀想だと、やたらにオモチャを買い与えるお母さんは確かにいるが、知恵のあるお母さんとは言えない。これは過保護でなく、保護の放棄だ。

考えてみてほしい。子供のいいなりにオモチャを買い与えることが、親のなすべき保護活動であるわけがない。親のかわりにファミコンやお人形が、子供を保護してくれるわけがないことは、すぐわかることだ。この過保護と言うより不保護の問題から、多くの社会問題が生まれているのである。

子育ての五大ポイント

子育ての**第一のポイント**は、三歳。〝三つ子の魂百まで〟と言われるように、三歳までに、しっかりとしたしつけをつけることが大切である。

子供にわがままが通らないんだ、ということをしっかりと厳しく、身体で覚えさせる必要がある。この時、肌と肌を温め合うように、いつも抱きしめるようにして育てていないと、子供の心が冷めてしまう。

ひと頃日本でも、ヨーロッパやアメリカの育児こそ最も進んだ方法である、といった誤った考え方に捉われて、小さい頃から個室を与えて、自立性をもたせるようになった。その結果はどうか。子供の頃に、両親の肌の温もりを知らずに育った子供たちにとって、両親とは、単なる大人の同居人といった感じしか、しなくなったのである。

ヨーロッパやアメリカの子供たちの非行が、そのことを説明しているし、日本でも子供部屋が、不良仲間の溜り場になっていることから、子供部屋の見直しが真剣に考えられている。かつて女子高生を誘拐して部屋に連れ込み、しまいに殺す事件が起きたが、あれなど子供部屋がなければ起きなかったとも言える。

どんな人間にも人権があるように、全ての子供にも生まれながらにして、基本的人権がある。しかし、人間の人格というのは、生まれつき持っているものではなく、家庭環境や教育によって作られていくものである。

子育て、あるいは教育とは、この子供の人格を作り上げる仕事だ。

子供のための個室、といった考え方のなかには、この人権と人格を混同している部分が多いように思われる。バランスの良い人格を作ってあげず、子供に部屋だけを与えたことの結果が、例に上げた忌まわしい事件だったのだ。

第二のポイントは、三歳〜六歳までの三年間だ。子供の脳がバランスよく発達するように、お母さん方は子供と一緒にいる時間を、なるべく多く持っていただきたいものである。

親の姿が子にうつる

子供は親の姿を見て育つ。子供にとって親は、神様のようなものだ。その親が、自分の仕事や趣味、楽しみを優先させていたのでは、子供との間に越すに越せない深い溝を作ることになる。

感情や情緒、他人に対する思いやりやさしさ、協調性といった、とても大切なものを育てなければいけない時期に、お母さんが傍にいないのでは、子供の心は冷えきったまま育たなくなってしまうからだ。

では、子育てに大切な次なるポイントとなる年齢は、いつ頃だろうか。

実は、**第三のポイント**は、小学校四年生頃だ。この頃になると、人間の抽象概念が発達してくる。

私自身も、この年令頃からいったん、霊の姿を見なくなった。この頃から、人間は脳のなかに様々な知識を取り込み、その分純粋な心を失っていくのかもしれない。

小学校では、四年生から授業内容が一ランク上がり、割算や分数計算が入ってきて、いわゆる算数嫌いによる落ちこぼれが出てくる。だから、小学校四年生くらいからの塾通いが、もっとも多いのだ。特に早生れの子の場合、この年令の一年違いは、とても大きなものがある。早生れの子は三年生になったら、机の前で勉強する習慣をつけ、遅れないようにしないと子供だけでなく、親も苦しむようになる。

第四のポイントは、中一の終わり頃だ。英文法が難しくなってきて、わからなくなり、わからないから面白くなくなって、英語嫌いとなってしまうケースが多い。英語の場合は、高校受験にしても大学受験にしても必要な課目で、この課目が苦手、あるいは嫌いになることは、それだけ良い高校や大学に行けなくなってしまう。だから、この時期の勉強は大事なのだ。

第五のポイントは、高校受験の時。高一の終わり頃になると、自我が目覚めてきて、子供はお母さんの言うことに、とにかくまず反発し、反抗するようになってくる。しかし、高校受験の時は、やはり親の努力が必要な時期だ。

環境が違うと勉強のはかどり方も違う。どんなに良い素質を持っていようと、本人に努力する意志があろうと、環境が悪かったり、レベルが低すぎたのでは、知らない内に自分もそれに合わせるようになってしまうからだ。その辺のことを考慮して、子供が勉強できるいい環境作りに、親は気配りをしてあげてほしいものである。

このように、子育てにはいくつかのポイントがあるが、その基本は素直ないい子を育てることだ。

ただし、素直ないい子といっても、親の言うことをよく聞くいい子、教師の言うことをよく聞くいい子、といった羊の仮面を被った狼のことではなく、心の純粋な子、判断力と協調性を持った素直な子という意味である。

このような子供は、小、中、高の成績を見ても、全部いい。守護霊の加護を受けやすく、目上からの引き立てを受けやすいからだ。ところが素直でない子は、水子の霊やほかの霊のたたりもあって、どうしてもいびつで、勉強嫌いな子になってしまう。

子供が親から別れる時

一般的には、高一の終わりから高三にかけて、親の言うことを聞かなくなり、干渉されると逆に反抗するようになる。

お母さんの言うことだからと、逆のことを言ったりやったりするようになってきたりもする。これは、子供が精神的にも肉体的にも成長してきて、親から離れ、別れて一人立ちをしようとしている時期になってきている現れである。

未熟で、親の目から見ると危うい感じはするが、相手も一人前の人格の持主だと考えるようにして、本人が望むこと、進みたい方向へ、進ませてあげることが大切。これが、私が教育業を二十二年間（註・平成十一年現在）続けてきて、わかったことだ。

沢山の生徒たちを見てきて、教え、相談を受け、考えてきて、ようやくわかったことでもある。どうしてもっと早く、これがわからなかったんだろうか。できたら、子供たちのその姿を、多くの父母に見せてあげたいくらいだ。それがわからないから、父母が子供のことで悩んだり、苦しんだりして私のところへ相談にくることになるのである。

この辺の子育ての話は、『こどもを持ったら読む本』（深見東州著／たちばな出版刊）により詳しく述べているので、興味のある方は一度お読みいただければと思う。

子供を立派に育てれば、親の功徳は計り知れない！

男の子と女の子を比べた場合、女の子の方が三分の一くらい費やす徳分が軽い。もっと詳しく述べれば、母親は男の子を産むと三、〇〇〇万功《こう》～一億功の徳分を失なう。一方、女の子の場合だと一般に一、〇〇〇万功～三、〇〇〇万功ぐらいを失なうに止まる。

それだけ男の子は立派に成長すれば、世の中に役立つけれど、マイナスに育てると、その分社会に及ぼす迷惑も大きい。そこのところも神様は必ず見ておられる。だから、子供を立派に育てることは、結局育てた親（自分）のためということとになり、損をしたとか、人生を無駄にしたなどということはありえないのだ。しっかりと子育てをした人は、晩年を健康に過ごし、苦しむことなく大往生ができ、良い霊界が約束される。子育てによる徳分の投資に対して、神様は大きな功徳（喜び）を返してくださるのだ。

ところで、先に述べた子育てのポイントをしっかり押さえて、子供の人格が素直に育つようにしても、なお親の言う通りにならない子供がいるものだ。こういう子供は、もっと大きな天命《てんめい》があり、もっと強い守護霊がその子を天衣無縫な子に育てようとしている場合がある。

親がこうしてやろうと思っても、どうしてもできない時は、その子の持っている運命、その子のもっている守護霊の力によるのだから、これは例外として、かえってそれが大成することがある。あるいはものすごい因縁をもっている子で、親のつぐないとして、その子によって改心するための親のつぐないのためにきたどうしようもない子は、例外として考えなくてはならない。

いずれにしても、神様や守護霊が見ているから、いい加減な子育てをしていれば、必ずその報いを受け、死んでからも苦しむことになる。女性が趣味を持ち仕事に生き、多様に生きることは大変結構なことだが、趣味であれ仕事であれ、それがその人にとって大いなる喜びであるのなら、自分の子供にもその喜びを分かち、共有するというような生き方ができるはずだ。

親も楽しく子も楽しく、という子育てができたら、そういう人生が自己犠牲であるはずがない。

一時的な人気に溺れないのが〝本物の人生〟

本来私は派手な人間で、楽しく明るく、歌ったり踊ったりして賑やかに過ごすことが好きな性格だ。でも、それを抑えて非常に地味な毎日を送っている。老子、荘子が選んだ天地の法則を知っているために、本来もった自分の性格とか性質からは全く考えられないような生き方をしているのだ。

人はそれぞれ神様の仕組み(願い)を担っているし、おのおのの位置というものに責任があるものだ。そこで私は、自分自身の生きたい方向や生きたい生き方には反しても、神様が私に求めておられる通りに生きているまでである。

どうしても人間というのは、欲心、地位や名誉、自分の楽しみの方へ行ってしまう。その欲心や楽しみが、節度を持っていてバランスが取れていればいいのだが、どうしても行きすぎてしまうと、その反動が必ずやってくる。私の生き方は、そういう生き方に反している。

つまりは、情に竿さして流されまいとするのだ。

例えば、私の書いた書籍は今売れているが、だからといってテレビに出たりはしない。週刊誌の取材にも応じない。

最近はさまざまなパロディー名でも本を次々出版しているが、それぐらいでないと衝撃性がないからそうしただけだ。

しかしブームというのはやがて消えていくし、マスコミは浮気性だから、うかつに乗るとピエロのように踊らされるだけということになる。

ヒットが出て、ブームに乗った中小企業は逆に危ない！

真実のものを長く残し、社会に貢献していこうと思ったら、ヒットや一時のブームに心を奪われずに、淡々と本当の道を頑固にやっていくしかない。そういうふうでなければ、どうなるか。

例えば、中小企業が倒産する一番多いパターンというのが、それだ。ヒット商品が出るが、二度目のヒットが出なくて倒産するというものだ。一発ヒットが出た時に、調子に乗って深追いをし、社屋を大きくしたり社員を急に増やしたりするからだ。どうしても二度目、三度目のヒットが必要となって、焦りが生まれてしまう。しかし、ヒット商品をそもそも一発だけ出せる、という程度の蓄積しかなかったわけだ。

「ＬＳＰ」という会社は、お肌を泡できれいにするというので大当たりをした。ところが売上げが増えれば、それだけ税金の支払いも大きくなる。そうしたことを考えて資金繰りをしなくてはならないのに、それを怠り、とにかく規模ばかり拡大した。設備投資で工場を大きくして、社員を増やしたのである。

その結果、税金を払うために銀行から借入れしなければならず、その借入れを返済するために第二弾、三弾のヒット商品を狙ったが、うまくいかずに倒産寸前で青息吐息ということになった。

こういう例はこの会社に限らず実に多い。一つのヒットで浮かれてしまうと、神通力《じんつうりき》も守護霊の力も借りられなくなってしまい、意気込みがカラ回りして、失敗することになる。

自力《じりき》でやるとエラク疲れる

想念術とか、気功術、あるいは霊気療法や超能力開発といったものが売れているようだ。こういったやり方は確かにある程度は即効性があるが、万能でも永遠でもない。これらに共通しているのは、今まで使ってこなかった自分の霊力とか霊能力、念力を活用することだが、実はこうした「自力」というものは、どんどん使えばそれだけ生命力を弱め、疲れてくることを知らなければならない。

また、自分の想念やイメージを、いろいろと作りだしていく方法もあるが、あくまでも自力、内在するものを出そうというのだから、長くは続かない。気功の達人でも、一度に気を使いすぎて衰弱してしまった人も多い。いろいろ見ていても、やはり長続きしている人は見かけない。一発しかヒットが出ない会社と同じで、無限の霊能を持つ人など世界に何人もいないからだ。

神様によりかかって生きると元気がでる

私がすすめる人生の送り方は、斜めになって歩こう、はすかいに歩こうということだ。とは言っても道を斜めに歩けというのではない。半分神様によりかかって、半分は自分で立って歩こうということなのである。

半分は神様によりかかり、守護霊さまに甘えて、苦しい時には、苦しいから助けて下さいという。そうすれば神様や守護霊さまが助けてくれる。

それを、自分だけでやろうとすると、疲れてしまって長続きしないのだ。特に気功術のように、自分の霊気やパワーを出して手当てする、といった治療法は、非常に危険だ。

Mさんという人が、手当て療法という本を出している。人々のために良いと思って、一生懸命に手当てをする、霊気療法ともいって手から霊気を出すという方法だ。この治療法が効かないと言うのではない。ご本人も言っているし、私も認める。良く効くのである。

なぜかというと、これは、生体エネルギーとオーラとエクトプラズムという生命体を、どんどん流出させ相手の体に入れているのだ。だから、治療できるのである。しかし、同じ理由で、術者は自分の寿命を短くしていくことになる。私自身が知っている範囲でも、気功術をしている人で長生きをしている人はいない。

よほど天地の気というものを受けて、神様の力をもらわなかったら、自分だけで出すというやり方は、自分の生命力を出すわけだから、それだけ寿命を縮めていることになるという当然の原理だ。

気功術の場合、一人の治療者は、一日に二、三人くらいしか治療できない。というのも、それ以上治療したのでは、とても生命がもたないからなのだ。断食修業をして霊能力や超能力を出す人も同じことだ。霊能が得られても、むやみに発揮した途端に本人が死んでしまったりする。

さて、それでは霊能を活用して人のためにすることは不可能かというと、そんなことはない。それが「斜めになって歩こう」ということだ。つまり、自力と他《た》力《りき》（神力《しんりき》）を十字に組んでやれば、疲れるどころかかえって元気になってきたりする。

私の主宰するワールドメイトでも、手をあてて病を改善する方法も行なっている（薬寿《やくじゅ》の法という）が、神様から神気をいただいて行なうので、行なう人（薬寿師という）も全く消耗しない。何より相手に伝わるパワーの質が、人の生体エネルギーよりはるかに高いから、ものすごく元気になる。

また、このやり方でやっている私は、セミナーなども、やろうと思えば一日に十八時間ぐらいぶっ通しで、それも五日も六日も続けられる。参加者の方がもたないのでやらないだけだが、本人は少しも疲れず、続ければ続けるほどますます元気になっていく。

以前、書店でサイン会など行なったことがあるが、場所によっては千人近くのお客様がいらっしゃるので、八、九時間一秒も休まずサインや色紙にメッセージを書き続けた。すると書店の方や参加者のみなさんは、そのパワーと持久力に大変驚かれるようだ。しかし、それは半分までは自分でやるが、途中から意識がもうろうとしてきて、神経もバラバラ……、よって残りは神様がやってくれるから出来ることなのである。

自分で出来る限りのところまで努力するが、それ以上は他力、神様と一緒にやるので、やればやるほど元気が出てくるのである。続ければ続けるほど元気になって、やるごとに盛り上がって、やるごとに楽しくなってくる。そうでもしなければ、大勢の人に満足してもらえるようには出来るものではない。

人生も同じことだ。何でも自分でやろうとして、想念術や超能力開発といったことで苦労してみても、疲れるばかりでちっとも楽しくない。そして、結局は生命力を弱めて止《や》めてしまうことになるから、せっかくの良い動機も無に帰してしまう。実に、残念きわまりないことである。

人間というものは、もともと未熟で欠点だらけの存在だ。完璧な存在でないのだから、無理に完璧を目指して背伸びをしたのでは、疲れるばかりだ。それよりも、自分が未熟であることを認めて、神様や守護霊によりかかって、〝神人合一《しんじんごういつ》〟して生きていく方が、はるかに楽しく、明るく、元気に生きられる。その上、その方が、いつまでも永続きするのである。

それだけではない。神人合一をしてくれれば、自分の才能も運勢も何倍、何十倍と発揮できるようになり、社会的にも現実的にも周囲が驚くばかりの活躍が出来るようになる。神様の知恵が、いくらでも引き出せるようになるからである。

ワールドメイトでは、その「神様へのよりかかり方」「神人合一する方法」なども詳しく伝えているので、一度私たちのセミナーを聞いて、コツをつかんでいただければと思う。

セミナーに興味のある方、または活動についてのお問い合わせは、以下までお願いいたします。パンフレット（無料）のご請求も受け付けております。


お問い合わせフリーダイヤル　0120（50）7837
・ワールドメイト総本部　0558（76）1060
・東京本部　03（6861）3755
・関西本部　0797（31）5662
・札幌　011（864）9522
・仙台　022（722）8671
・千葉　043（201）6131
・東京（新宿）　03（5321）6861

・横浜　045(261)5440
・名古屋　052(973)9078
・岐阜　058(212)3061
・大阪(心斎橋)　06(6241)8113
・大阪(森の宮)　06(6966)9818
・高松　087(831)4131
・福岡　092(474)0208
・熊本　096(213)3386

ホームページ　http://www.worldmate.or.jp/

神様と一体化してダンスのように生きる

恋慕すれども恋慕しすぎない。

苦しむけれど苦しみすぎない。

人間というのは、あまり苦しみすぎると心がいびつになって歪んでくるものだ。心がすさんでしまって、砂漠のようになってしまう。

「若きウェルテルの悩み」に学べ、とばかりに、悩むことが生きがいだというような人が割に多い。

しかし、こういう人に限って、苦しみの反動で金儲けに走ったり、女狂いになったり、大きな御殿のような家を建ててみたり、権力や金力や地位や富を求めて、バランスをとろうとするようになってしまうものだ。

だから、苦しんでもよいが、あまり苦しみすぎないようにするのが大切だ。私自身も、明るい性格ではあるけれど、苦しいこともいろいろあった。

人間の顔には、その人の育ってきた過去や現在の心の状態が現われてくる。苦しみすぎて心がいびつに歪んだ人は、顔もいびつに歪んでいる。その反動で金や権力や女狂いをしている人たちは、ギラギラと欲望で脂ぎっている。

けれども私は、半分以上苦しくなったら神様が助けてくれるから、そうなる心配はない。神様によりかかって、もたれかかって生きているから、すごくラクに楽しく生きている。

これも、神様と一体（神人合一状態）になって生きているという所からくる、安らぎと安心の境地だが、そうでないと神界《しんかい》の感覚というものは会得できない。

神人合一といっても、神様にすがりついているわけではなく、よりかかっているようないないような状態だ。私が動いたのを神様が助け、神様が動くのに自分が乗っていくというふうである。これが神人合一の感覚である。

これは、ダンスのような感じだ。ダンスは、やればわかるが理屈でうまくなるものではない。タンゴの曲がかかって、右から出なければならないから、今はこっちからこうして、次はこうして、といちいち考えながら踊る人は疲れるばかりで、上手でもなければ楽しくもないだろう。

理屈じゃなく、互いにパートナー同士の呼吸がぴったり一致していて、パートナーが自分か、自分がパートナーか、わからないくらい互いに一体化して、二人が一人で動いているくらい軽快だからこそ、音楽も一つ、観客も一つになって、何時間でも楽しく踊れるわけである。

〝神人合一〟というのは、こういう感覚で、神様と自分が、毎日ダンスを踊っているように、神様が自分か、自分が神様かわからないように一体化している状態のことだ。

個我を持って天地と一体化

黒住教の教祖である黒住宗忠公は、

「信仰というのは稽古ごとだ」

と言っている。

信仰というのは、お茶、お花、柔道なんかと同じように、基本法則は簡単なもので、真に会得するためには、何度も何度も練習をして、考えなくても自然に水の流れるように身体が動いていくようになることだ、ということで、大変教えられる。

神人合一するということは、この黒住宗忠公が言っているように、練習を重ねて自然に身につけること。ダンスを踊るのも、神人合一するのも同じこと。練習に練習を重ねることでお互いのタイミング、呼吸が合ってくるようになる。この練習を怠けていたのでは、とても呼吸もタイミングも合わない。だから理屈ではないのだ。

その為には、まず神様を信じること。信じ続けて、どこまでも信じる。信じるという練習を続けることで神人合一に近づく。それは、我《が》を出しすぎても駄目だし、神様に頼りすぎても駄目だ。練習をせっせとするのは自分の努力、個我の力、責任で、それなしには神人合一はできない。けれども「このくらいがんばったんだから……」と我を張っても、それはやはり駄目なのである。

練習、練習。やはりまず、正しい神人合一の法を聞いて、そして次々いろいろやってみる。そうして体験を通して体得する以外に『神人合一の道』の上達法はないのである。

禁欲を成功させる唯一の方法

女性と金と権力。

これは、どんな男性も共通して気をつけなければならないものである。そんなことを言うと現代では、ずいぶん禁欲的だと思われるかも知れないが、私は自分で、それらに対して戒めを作っている。それにはわけがある。

私の家は七代続いた酒樽造りの家だったが、祖父が大変な道楽者で酒や女にのめり込んだ生活だったために、その因縁が残されたのである。それが私の父には、志《こころざし》（目指した道での成功）を得られないための荒れた生活となって現れ、子供の頃の私には虚弱体質となって現われてしまった。

そして何よりも、私に戒法を決意させたのは、私と女性とが電極のプラスとマイナスのように、互いにスレ違い反発し合っていることに気づかされたからだ。

初恋は小学校五年生の時、それから中一、中二、中三……、今までに十数回も女性に恋をしたのに、どれひとつとして成就したものはない。不思議なくらい、私が好きになった相手は、皆、たちまち転校したり引越したりして、いなくなってしまったのである。

一度の失恋ならまだしも、何度も続く……。そのたびにデートを申し込む。でもナゼか必ず、

「もう少し早ければよかったのに」

「私、一週間前に婚約したの」

などと言われる。

その頃の私にとっては、それは五体がバラバラになるようなショックだった。

そうした苦しみと悩みのなかで、私はついにひとつの悟りを得た。〝これは天命なのだ〟ということだ。先祖代々の因縁を私の代で断ち、残っている良いものを世の中のために活用すること、そのことが同時に私自身の修養でもあると。

私は、中学一年の時に日記にこう書いたことがある。

「人間は楽しみと苦しみを通して、自分の魂を向上させ、向上させた分だけ世の中を良くするために生まれてきたのです。私も、私の因縁を断ち、世の中のために役立つような人間になろう。神様の使命に生きよう」

と。思えばそれは、「禁欲宣言」でもあったというわけだ。

ところでギリシャの哲学者は、

「禁欲生活は成功しない、その反動が必ず心のどこかに、イビツな形で出てくる」

と言っている。なるほど、そうかもしれない。

聞くところによると修道院のシスターは、風呂に入る時も服を脱がずに、白装束で入るとのことだ。女性というのは、どんな人でもナルシストで、必ず自分の肉体や精神のなかに、美点を探し出そうとする。禁欲生活を続けるシスターが、裸で風呂に入り、自分の豊満な裸体を目にして、思わず〝アア、何て美しく豊かなバストだろう〟〝この肌の艶、美しさは誰にも負けないわ〟といったような気持ちを起こさせないためにも、白装束のまま入浴するということだ。このように、禁欲は長続きしないよ、どこか歪んで底意地が悪くなったり、財テクに走ったりするようになるよ、と、言うわけだ。

しかし、先のギリシャの哲学者は、先程の言葉に続けて、

「たった一つだけ（禁欲が）成功する方法がある。それは何か、ものごとに没頭

することだ」

と、述べている。私も、この没頭することを自分に課している。

私は、自分に課したいくつかの禁欲は、世の中のため、人のために神様の御心を伝えるべく東奔西走することで、禁欲していること自体までも忘れるということにしている。もしも私が、禁欲を意識したら私の負け。目の前のなすべきことに没頭し、集中し、忘れていたら私の勝ち、と考えているのである。

幸いなことに、現在のところは私の圧勝である。その没頭することが、私のパワーの秘密ともなっているのだ。

ここで一つ付け加えておけば、異性に関しても、禁欲を忘れるぐらいに何かに絶えず集中するようになってからというもの、私は随分と女性にモテるようになったのである。これも運命というべきか……。

何かの目標を達成しようと思えば、その代償としての戒律《かいりつ》が必要である

比叡山の開祖である伝教大師が『山家学生式《さんげがくしょうしき》』（桓武天皇に、比叡山は何を目的として作られたかを上奏した文書）のなかで、

「道心（道を求める心）を知っていて、人に話せる人は、これ国家の孝子であり、道心を実践している人は、これ国家の実践家であり、その両方を持っている人は、これ国家の宝なり」

と書いている。

比叡山を作ったのは、建物や金銀財宝を手に入れるためではなく、国家の宝である人材を育てるためなんだ、ということである。

比叡山は、日本仏教の立役者ともいうべき、親鸞《しんらん》、法然《ほうねん》、日蓮《にちれん》、一遍上人《いっぺんしょうにん》、道元《どうげん》等々を育てたが、このような背景があったからこそと言うべきだ。

比叡山は、自分で仏道を成就させたいと〝発願《ほつがん》〟してやってきた人の〝修業の

場〟だ。その願望を成就するために妨害となる酒、女、バクチ等々を断つのは、ごく当然の事だ。そうしたものが欲しくなるのは、発願がアヤフヤでいい加減なのか、あるいは修業に熱中していないのか、のどちらかだからである。

どちらも、比叡山が必要としないものに決まっている。比叡山や高野山、出羽三山等々が長い間女人禁制であったのは、せっかく没頭し、熱中している仏道修業者たちの心に動揺を与えないためだったのである。

しかし、この禁欲は大変に辛く苦しい。これほど世界的にタバコ喫煙の害が叫ばれながら、なかなか禁煙に踏み切る人が増えないのは、それだけ人間の欲望の強さを表わしてもいる。酒も女性も本当に絶てる人が昔も今もどのくらいいることか。

だが、当時、法然と親鸞は、このような〝禁欲修業〟に疑問を投げかけた革命児だった。

当時の僧侶にとっては禁酒、禁妻、禁肉食の戒律は常識的で普遍的な真理だと考えられていた。

しかし、巷で苦しんでいる一般の人々を救済することを目的とする仏教が、妻も持たず家庭生活の体験を知らない人々ばかり育てていたのでは、本当の庶民の苦しみなど理解することができず、真の救済にならない、と、法然と親鸞は反抗したのである。

親鸞は現在でも、知識人や文化人と呼ばれる人たちに圧倒的に人気のある仏教者であり、思想家でもある。その、

「善人なおもて往生をとぐ、いはんや悪人をや」

の言葉は、歴史的な名セリフとなっている。

二度結婚し、子供を生み、肉を食べ酒を飲み、そして生涯仏の弟子として組織もお寺も持とうとせず、庶民の生活の中で一生を終えた親鸞は、様々な形で迫害を受けたが、自らの戒律である庶民と共に生きよ、という目的を実践したことはよく知られている。

組織を持ち、お寺を構えると、それを維持するためのお金が必要になり、やがて権力化してしまうことを親鸞は知っていたからこそ、このような行いに生きたのだ。

妻帯、飲酒の方はと言えば、実に盛んになっていった。比叡山はもとより多く

の僧侶たちが、表面的には禁欲を唱えながら、様々な名目や隠語を使って、その後妻帯し、酒を飲み、肉を食べるようになっていったことだけは一致している。この後進の僧たちは、師たる最澄はもちろん、親鸞の志さえも継ぐものではないと思う。

彼らは、親鸞のように革命的な、当時の誰もが常識と信じていたことに対する思想的哲学的発想を持っているわけではなく、その人間の自然な欲望こそ神の道にかなうのでは、といったアンチ・テーゼを実践するのでもない。そうして形式ばかりをマネた結果がどうなったか。すべてとはいわないが、最近の一部の僧侶は、保育園や幼稚園を経営し、巨額の葬儀料や戒名料を要求し、暴力団と交際して、外車を乗り回し、ゴルフに興じているというではないか！

私の〝何か禁欲を持とう〟は、腐敗堕落している現代の日本仏教に対する、革命的なアンチ・テーゼである、と自負しているものでもある。

リーダーを目指す者は戒《かい》を持て

中国古伝説上の聖王として、今にまで讃えられている方が、堯《ぎょう》・舜《しゅん》・禹《う》である。その舜が、ある日禹に対して、政治と人道の極意として語った教えが、

「人心《じんしん》これ危うく、道心《どうしん》これ微《かすか》なり、これ精、これ一 允《まこと》にその中《ちゅう》を執れ」

というものだ。

これは儒教のエッセンスと言われ、道心という人間の魂はかすかなものだ、人心という人間の欲望から出てくるものは危うく、ここにすべての堕落と失敗が潜んでいる、という意味である。また、舜は禹に、

「允《まこと》にその中を執れ」

と教えた。

一つのことに誠実に、一生懸命努力して、人間の喜怒哀楽のツボにはまった仕事をしなさい、ということである。すなわち、喜怒哀楽が発生する前の世界、それが中《ちゅう》なのだ。

人々が日々の生活を幸せに、穏やかに過ごしていれば、喜怒哀楽の感情は発生しない。そんな政治こそ、理想的な社会であり、帝王たるものは、そういう政治のために努力せよ、ということでもある。

伝教大師は比叡山を開くとき、

「国宝としての人材を育てるのだ」

と述べたが、同時に、

「世の中のリーダーになるような人材は、自分勝手なことばかりしてはいけない、自ら発願して生命がけで仏道を成就させようというのだから〝持戒《じかい》〟（自分で戒律を持つこと）は、当然のことである」

とも述べている。

このことは、将来に目標をもったなら、その目標を実現させるための代償として、自分なりの戒律をもたなければならない、ということだ。

昔の人は、お茶断ち、タバコ断ち、ミソ汁断ち、といったように、様々な代償を払って〝願断ち〟を実行した。現代ならば、コーヒー断ち、酒断ち、コーラ断ちといったものでもいい。このように、戒律というのは、目標とセットになっているものだ。

さらに大切なことは、この戒を持続させることである。どんなに小さな目標であっても、一つの目標を達成させるには、最低三年の努力が必要となる。そして、大きな目標なら十年の継続が必要だ。そこで、この努力を続けるためにも、戒律が必要となる。

この場合、戒律とは自己を律するものだ。誰かに言われたから他律的にやって意味があるものではないことは、言うまでもないだろう。大切なのは、その自らの心構えと、それを貫く精神である。

人は幸せになる義務がある

第2章

人は幸せになるために生まれてくる

「人は何のために生まれてくるのか」

これは人類にとって永遠のテーマである。

「オレは、幸せになりたくて生きてんじゃない」

といったヘソ曲がりや、

「生まれたくて生まれてきたんじゃない」

「親が勝手に生んだんだから、勝手に生きているんだ」

と言う人もいるが、大多数の人々は幸せになることを願っているものだ。

わたしは、

「人は生まれてきたからには、幸せになる義務がある」

これが天命だと思っている。

ただし、幸せにはいくつかの段階がある。

低い次元として、まず非常に即物的な快楽がある。これは、一般にいわれている性的な快楽、肉欲的な歓喜こそ一番楽しく、幸せであるとする、動物的で肉体的な欲求を満たす考え方だ。

少しランクが上がると、経済的、物質的豊かさの追求になる。おいしい食事を、はなやかな衣装を、大きくて快適な住居を、そして名誉や地位や富を、ということになる。

しかし、このような低次元の即物的な幸せ追求（もちろん、それらも必要なものではあるが）には、基準も限界も真の豊かさもないから、いつでも人は飢えた餓鬼のように、つぎつぎと量のみを追い求めることになってしまうのだ。そうして経済的、物質的な豊かさのみによる幸せは、求めれば求めるほどかえって真の幸せから遠ざかり、人の心を寂しくし、虚無を感じさせることになる。この真実をこそ、心せねばならない。

私の知り合いに、ピーターというデンマーク人がいるが、彼が世界中を旅行し、その結果分かったこととは、「一番貧しい国の人々が最も優しかった」という事実であった。何故だろうか？

物質の豊かさでは、人は決して心まで豊かになれないということではないだろうか。むしろ貧しい人々の方が心優しく、美しい……。このことについては、二千六百年も前のインドのゴータマ・シッダールタ、すなわち釈迦もまた、同じ悩みを抱えていたことはご存知だろう。

王子として生まれた釈迦は、経済面はもちろんのこと妻も子どももいる何不自由のない生活をおくっていながら、いつも心に満たされない虚《むな》しさを感じつづけていた。

〝人は何のために生まれて、なぜ生きるのか〟といったテーマが、常に彼の心を悩ませていたのである。

そして、答えを求めてすべてを捨て、出家し、ついに大悟《たいご》に達したのだ。

人の一生は変化の連続である。そして〝少年老いやすく、学なりがたし〟というう。

青年時代はハンサムでスポーツマンだった人も、中年になれば腹も出てくる。

肉体的なものはやがて老い、衰えてくる。女性も若い頃は人に振り向かれるぐらい美しかったのに、当然のごとく、年と共に醜くなり人気もなくなって寂しくなってくる。それは、誰一人として避けられない。実に哀しい天地の法則《さだめ》ではないだろうか。

それだけに、人は老境に近づけば近づくほど、心のもち方が大切になってくる。それが上手に出来た人は、年とともに逆に幸せになっていくことが出来るのである。心の持ち方（心の豊かさ）は、魂に物やことでは味わえない実に大きな悦びをもたらしてくれるからだ。その媒介が芸術であったり、信仰であったり、学問であったりするのだ。

自分の魂がほんとうに満足するときの悦びは、永遠のものである。人が再生転生し、生まれ変わっても死に変わっても、変わらない悦びが魂の悦びであり、それは全て記憶されていくのである。

再生転生は魂の修業のため

ではここで、再生転生の真実について、少々ふれてみよう。

たとえば、今世は学者として生き、学問的要素を磨いて生涯を終えたとしよう。しかし、だから来世も学者かというと、そうとは限らない。

学者の要素をもった芸術家として生まれたり、その次は宗教家、その次は教育家というように、前世に磨いた要素を生かしつつも、少しずつ変化しながら再生転生することになる。

もちろん、それは人間が魂の修業を積むためで、観音様のような万能の人間になることを目指しているためでもある。

しかし、この再生転生にも変わらず受け継がれるものがある。それは真実の意味での学問と芸術、そして信仰力の三つの要素だ。この場合の信仰力とは、神仏を尊ぶ心のことだけではなく、物事をやり貫く精神力のことを指す。

生まれながらにして芸術的感覚の鋭い子がいる。絵を描かせても非常にセンスがよい。ピアノを弾いてものみこみが早い。これは天賦の才として受け継がれたものだ。

生まれながらにして仏心の篤《あつ》い人、慈悲の深い人もいる。あるいは生まれつき頭のよい子も、同じことだ。

ある生涯で権力者だったら、次はほんとうに庶民として、身分も地位も名誉もない人間に生まれ変わって、しいたげられた人達の気持ちを理解させられることもある。

反対に、豊臣秀吉や田中角栄のように、身分も地位も名誉もお金もない生まれであるが、苦労と努力を積み重ね遂に成功した人は、次には名誉や地位のある人や芸術家として生まれてきたりする。このように人は、三十三相に化身できる観音さまのような、万能の人となるべく、様々な人生を経験する。

しかし、誰もが思い通りに生まれ変わるわけではない。前世で自らのカルマを減らし、人を幸せにするなど功徳を積んだ者については、ある程度自分の希望する環境に生まれてくることができる。

しかし、前世で欲望のままに生きていたり、自分を磨くことを怠っていた人間には、選択権がない。強制的に、前世のあがないをさせられるような環境に放りこまれるのだ。もっともそれは、なるべく早いうちに悪癖を矯正し、劫《ごう》をあがなって幸せにしてあげようという、神様の大愛《たいあい》なのだが……。

ともあれ、霊界（死後の世界）や来世で苦しまないためにも、また自らの霊的ランクを上げていくためにも、現世で、生きているこの世界で、功徳を残していく、ということが必要になってくる。

信仰力こそ幸せのためのバネ

人は、生まれ変わりながら、あらゆる要素を磨いて大自在となることを目指している。ひらたくいえば、観音様になることを目指しているのだ。だから、どんな人にもこの世に生まれてきた人生のテーマがあるわけで、与えられた寿命を存分に生きなければならない。

たとえ体力が衰えても、目が見えなくなっても、耳が聞こえ手が動き、臨終をむかえるその日まで、学問と芸術と信仰力をみがいていくことが、正しい生き方だ。

臨終のその日まで、意欲をもって己の魂を錬磨する。そして今世のテーマをまっとうしたら、また来世は別のテーマを持って生まれて来ることになるから、より充実した人生、より神に近い人生、より豊かなる人間へと成長していく。そのように考えると、ほんとうの意味での積極的で明るい前向きの人生が訪れることになる。

このような考え方を念頭において、さて私たちは、

「どのように生きればいいのか」

と考えてみる。どうせ生きるなら、だれよりも高く、だれよりも大きく、力は機関車より強く、高いビルディングもひとっ飛び……、という、スーパーマンのような大きさがあり、かつ広くて深くて豊かな幸せを求めたいものだ。

同じ生きるのなら、あらゆる次元で幸せになりたいに決まっている。

そして短期、中期、長期、あの世、来世、来々世と、あらゆる時期を通しての幸せを求めたいものだ。

幸せになることは、天の命《めい》による義務だといえる。しかし、幸せにもいろいろある。一時的な幸せでは意味がない。天の命にかなう幸せとは、大きく、広く、深く、豊かで、しかも永遠に、あらゆる次元において幸せになることなのだ。

しかし、人間はその生涯で、何度かは挫折する。

そのときには絶望感が起こり、人生を捨てたくなったりする人もいるかもしれ

ない。信仰力という、本当の意味での人生の認識がないために、一度や二度の挫折ですぐに自信をなくしてしまうためだ。

ほんとうの意味での人生――これを認識している人、すなわち信仰力のある人間は、挫折をしても信仰力をバネとして立ち上がることができる。そうしてこそ、真に強い人間になれるのだ。

現世利益を求める信仰はニセモノ

「古《いにし》えの学者は己の為めにし、今の学者は人の為めにす」と、孔子は『論語』に書いている。昔の学者はエゴイストで、今の学者は他人のために奉仕するのか、と思われてしまいそうな一節である。しかし、そうではないのだ。

昔の学者は己のためというのは、エゴということではなく、自分自身というものを完成し、自分自身の魂を修養するために本を読み、学問をしたということである。己の魂を完成させ、自分自身というものを完成させ、錬磨せんがために昔の人は学問をし、励んだということだ。

ところが、今の学者は知識とか、倫理というものを勉強して、オレはこれだけのものがあるんだという、能力を人に示さんがためにしている。昔の学問と今の学問はこのように違っているんだ、と嘆いているわけだ。孔子の喝破《かっぱ》は、現代においても、いやになるほど通用する。

見返りがあったら誰でもやる気が出てくるが、見返りがなければやる気がないというのは、本当の学問、本当の信仰がないからに他ならない。

孔子の時代のことではなく、まるで現代のことを言っているように思えるのは、人間の魂が、孔子の時代から少しも変わっていないということだ。

いくら勉強しても、いくら学問を積んでも、あるいは日蓮宗や天台宗、真言宗やキリスト教であっても、見返りがなくてもやれるという精神で、努力をしているのかどうかが、その人の信仰や学問が本物であるのか、ニセモノであるのかを峻別する不変の尺度なのである。

たとえ宗教者であっても、その生き様が、見返りを求めるような、現世利益だけに汲々としているようであれば、本当の信仰をしているとはとても言えない。

それよりは、死ぬまで自分の修業だ、自己との闘いだと思って生き続ける芸術家の人生の方が、はるかに正しい信仰に近いのである。

形ばかりの信仰、自分の欲望をみたすことを目的とした信仰、利益のための信仰、そうした信仰は、孔子が指摘しているような、今の学者の学問と同じものだ。真実の信仰、それは形や利益のためではなく、自分の魂を磨くためのもの、修業のためのものなのである。

親鸞の、自分は仏の弟子だからと、生涯弟子を持たず、皆同じ弟子の仲間として修業し、ひたすら仏にすがる仏の弟子として平等なのだ、と言い続けて貫いた生涯の中にこそ、本物の信仰の姿があるのである。

地獄に落ちたエリートたち

ところで、以前、私が天眼で神霊界の様子をかいまみたところ、地獄界に一番多く行く職業は、坊さん、宗教家、宗教団体の教祖、医者、学者だった。と言ったら、「そんな馬鹿な」と思う人は多いだろう。

もちろん、宗教家、医者、学者で天国へ行っている人も多い。だが宗教家、医者、学者といった人たちは、医者ひとりが選挙で百票にあたると言うように、その言動が人々に与える影響が大きいだけに、徳も悪も大きなものがある。それだけによほど気持ちを引き締めないと、地獄に落ちやすくなる。そのかわり、自己を磨く、真に人助けの心で貫く人生を送れば、悦び溢れる天国へ行けるということになる。

人がこの世で自分の魂を磨き、修業を積み、徳を重ねていけば、自然に霊的ランクも上がっていくから、神様と相談した上で自分の再生転生を行なえるという、幸運な選択権が与えられる。

「おまえ、次はどうする」

「もう一回、学者で生まれたいのですが」

「だけど、もうそろそろ芸術の方へ、行ってもいい頃じゃないか」

「そうですね。う～ん、そうしましょうか」

ということになる。しかし、学者でありながら、純粋な学問の探求意識や社会に役立てようとする姿勢を持たず、女遊びに熱中したり、テレビにばかり出てい

たり、金儲けや名誉、地位だけを求めて学問をした人は、当然霊的なランクも低いわけで、選択権は与えられず、

「次は、ここで生まれなさい。しばらく力仕事をして汗をかくがいい」

と神様に命じられたりすることになる。

また、こんなこともある。

卵を多食すると、コレステロールがたまるから健康に良くない、という学説を主張したかと思うと、しばらくして今度は、卵にはレシチンが含まれていて健康に良いので、大いに食べるべきだと主張する、といったように、肯定から否定へと極端に変わる学者がしばしば見られる。

これは、すでに述べたように、学者が自己の名誉や地位、金儲けを主に求めるために、十分な研究や努力をせずに、流行に乗り遅れまいとして社会の風潮に迎合したり、あるいは自分で研究も努力もせずに、他人の説に付和雷同《ふわらいどう》したりするために起きてくることといえよう。

科学の進歩発展は日進月歩であるから、まだ十分に解明されていない学説をとりあえず発表する場合もあろうが、やはり学者というのは、多くの人々の考え方

や思想、生活に強い影響を与えるものだけに、善なる心で、社会のために役立とうという心が学者に求められるのは当然だ。ましてある企業のある商品を宣伝するために、ハッキリしない学説を発表することなどはもってのほかなのである。

医者は人々の生命を直接扱う仕事だけに、いわゆる〝医は仁術〟というように高い倫理がいっそう求められている。ところが現実には、金儲けのために不正医療や脱税を行なう医師が跡を絶たない。こうした不良医師は、霊界ではよく天狗の姿になっているのを見かける。内面性がそのままに、霊界での姿となってあらわれるのだ。彼らは霊界で、長い長い間迷うことになる。読者の皆様で医師志望の方があったなら、くれぐれも気を付けていただきたいところである。

死ぬまで情熱的に生きるのが義務

臨済宗《りんざいしゅう》中興の祖といわれる白隠禅師《はくいんぜんし》は、書道、文筆、教育、布教など、全ての面で抜群の才能を発揮された方である。

その白隠禅師が八十六歳の時カゼをひいたことがあった。そこで弟子が、

「お師匠さん、身体を大切にして下さい。先生がいなくなったら、私たちは修業の途上で迷ってしまいます。八十六歳の今日まで、もう十分に働いてこられたのですから、どうかお身体を慈しんで下さい」と、師におすすめしたと言う。

「そうか、そういわれればそうだなあ」

と、大事をとって白隠さんは奥の部屋で休んでいたが、いつの間にかうつらうつらと寝てしまい、夢を見た。

そこには自分の師匠だった正受老人や禅宗の大燈国師といった、歴史に残る大先輩がいっぱい並んでいる。そこに自分も並んでいて、

「わしは、まだまだお前たちの中には入らないからな」

なんて気勢を上げている。すると大先輩たちが、アハハ、アハハと笑いながら、

「お前に大切なことを教えてやろう。人生で何が一番大切なことか、知っているか」

なんだろうと、白隠禅師が考えていると、

「それは〝勇猛〟の二字じゃよ」

なるほど……と非常に感心した途端、つっと夢からさめた。

〝いやあ、すごい夢を見たもんだ。あれだけの大先輩たちが居並んでいて、しかも良いことを教えてくれた。勇猛の二字か〟

と、暫く考えていたが、ハタとヒザを叩いて、

「よしっ！　わかったぞ」

とたんに、ガバーッとフトンからとび起きて、お弟子さんたちを呼び集めると、ものすごく厳しい問答で問い詰めていった。

それからが又凄い。東に西に、講演活動や執筆活動、そしてお弟子さんの教育にと今まで以上に奔走するようになった。

そして、とうとう臨終を迎えることになったが、それはすごい臨終であった。

その日、奥の部屋からものすごい大きな声が、

「か〜っ！」

と響いた。

「何だこの声は。お師匠が又誰かに気合いをいれたのか」

弟子たちは互いに顔を見合わせたが、それっきりだ。奥の白隠禅師の部屋からは、何の音も聞こえずシーンと静まり返っている。

そこで、おそるおそる部屋へ近寄って、

「あのう、お師匠様。お師匠様」

と呼びかけたが応答がない。フスマをソッと開けて見ると、白隠禅師はフトンのなかで、カーッという声を上げたままの姿で、右手を振り上げて亡くなっていたのだ。これこそ、即身成仏そのものの姿であったわけである。

この白隠禅師の言葉に、

「我《われ》大悟を徹底すること、七たび八たび。小悟《しょうご》を徹底すること、枚挙にいとまなし」

というのがある。大いに悟って徹底したことは七たびか八たびあり、小さく悟って徹底したことは、数えきれないほどだった、というわけだ。

五百年に一度の天才と言われ、

「駿河にはすぎたるものが二つあり、富士の山に原の白隠」

と讃えられた人ですら、死の瞬間まで勇猛心で修業を続け、より深い悟りを求めて生き続けたのだ。

現在の日本は高齢化社会の門口に立ち、今後いっそう人口の高齢化が進んでいく。

今日、紅顔の美少年も、五十年後には白髪の老爺となるのが人生の定めである。その時、どのような老いを迎えるのか、それを決めるのは、若い青春時代にどのように生きたか、ということだ。九十歳近くになって臨終を迎えるその時まで、「大悟徹底七たび八たび、小悟徹底枚挙にいとまなし」というほど、勇猛に修業のなかで生き貫いた、白隠禅師のように生きたいものである。

年老いて、病んで寝込むようになっても、身体が動き、脳が働いている間、意識のある間は、白隠禅師のように勇猛に生きる。

ガンであろうと、脳軟化であろうと、結核であろうと、脳溢血であろうと事故であろうと、「かーっ」といって苦しみを乗り越えて死んでいけば、どんな病いも恐れることはない。勇猛に魂を磨き続ける白隠禅師のように生きれば、最高に素晴らしい霊界に行けるのである。

そのための地ならし、種まきこそ、紅顔の青少年時代の内にしておかなければならないことだ。

〝明日は、明日の風が吹く〟

というのは、石原裕次郎の死と共に終わった時代の言葉だ。

この現代に生きる私達は、老後のために貯金することも大事ではあるが、それ以上に若い時に勇猛に生き、かつ自分の魂を鍛えておくことが必要なのだ。孔子の言う、いにしえの学者のごとく、「己のために」である。欲得ずくで安楽な老年期を過ごそうと多少の蓄えをしただけでは、明日は風が吹くにしても、ろくな風が吹かないことになる。

子供は親を越えて生きろ

ヨーロッパのパスカルの『パンセ』に匹敵するのが、日本の兼好法師の『徒然草』であり、同じくヨーロッパのカントの哲学に匹敵するのが、道元禅師の哲学だと言われている。

それほど、道元禅師の哲学は、非常にレベルが高い。しかし、白隠禅師の神学《しんがく》のレベルは、三ランクも五ランクも道元禅師より上なのである。

道元禅師は鎌倉時代の人で、白隠禅師は江戸時代の人、という違いが、この二人を決定的に分けている。

道元禅師は、未開の分野を自分一人の力で開拓していかなければならなかった。そのために、どうしても〝真実の求道《ぐどう》〟ということに対して、頑固でなければならなかったのである。

それに比べると、白隠禅師の場合は、すでに道元禅師が切り拓いた足跡を辿ればよかったわけだから、道元の到達点までは比較的楽に到達できた。その差である。

いつの時代にも、親の歩いた道を子供は辿るわけだから、子供の歩く道は踏みならされている道なので楽なものだ。だから大人たちは、「近頃の若い者は」と、自分たちの努力を認めようとしない子供たちを、白い目で眺めることになる。だが子供たちは「大人には若い者の気持ちがわからない」と、大人たちの古さを批判する。

しかし、大人を批判する若者たちは、批判するだけでなく、大人たちを乗り越える努力と修業を続けなければ、それは批判ではなく単なるグチになってしまう。

ところで、白隠が道元を越えたところは、その〝自在性〟にある。

白隠禅師は若い頃、法華経を読んだ時、どこを読んでも〝例えば○○〟〝例えば〟〝例えば××〟と書かれているので、何だこれは、

「法華経は辣韮《ラッキヨウ》の実にさも似たり、むけどもむけども実はあらず」

だから読む価値がないとして捨てたと言う。

ところが四十数歳になったある秋のこと、白隠禅師は、法華経をもう一度研鑽して読んでみた。ちょうど白隠禅師の吸う息、吐く息にピッタリと合わせるように、庭のスズ虫やコオロギが、リーン、リーンと一緒に鳴いている静寂の中、虫の声だけが響いている。

その瞬間、白隠禅師は、

〝あ〜っ〟

と悟った。

その瞬間から涙が滝のように流れてきて止まらない。三日三晩、嗚咽《おえつ》をもらしながら涙が止まらずに、泣き続けたとのことだ。

白隠禅師は、その時、頭ではなく魂で悟ったのだ。

〝あー、お釈迦様というのは、これほどまでに、慈悲深い方であったのか。だから法華経に書かれているように、ありとあらゆる人に、例えば、例えば、例えばとありとあらゆるたとえをもって、仏法を説き続けられたのだ。最高の身分の人から、最低の人たちまでの全てに行き渡るほど、その慈悲が広く、深かったために、これほどまでにしつこくも、例えばこの時は、例えばこのようにして、と法華経を説かれたんだ〟

と。白隠はその瞬間に、法華経の精神と真髄を悟ったのである。

法華経の精神と真髄を悟るということは、その時のお釈迦様と同じ境地になったということだ。だから、もう自分で法華経を説けるようになったのである。一度は捨てた法華経を、今度は自らの中に取りこんで活かすことができた。すなわちこの瞬間、法華経を説いた釈尊のように、高貴な方には高貴なたとえ、庶民には庶民に合わせたたとえ……と、千変万化の説法で仏法を説くことを体得したのだ。自在性の開眼である。

白隠禅師は、道元禅師に勝るとも劣らない原理的なレベルの高い本から、『おたふく女郎粉引歌』に代表されるような、一般の庶民や無学文盲の人、子供にまでも楽しみながら理解できるような本まで沢山残している。

この自在性こそが白隠禅師の大きな長所なのだ。

どこまで〝自在〟に生きられるか

白隠禅師の自在性ということで、僧侶の話ということで、何か浮世離れして感じるかもしれない。しかし、自在性という徳性は、人の世では実にその人の立場を分けることになる。結論から言うと、自在性が大きい人ほど上の地位に昇る。その逆も真なのだ。

例えば、会社の社長の有すべき資質として、『論語』では、「君子は器ならず」と言っている。

君子というのは器ではない、器を越えた器という意味だ。

ところが神様の場合は、器相応に、例えば大臣に神がかれば、神がかった分だけ大臣の役割で、世のため、人のためにものごとに功徳というものを与えることができる。電気屋さんに神がかれば電気屋さんの仕事を通してのみ、人々に功徳を与えることができる、ということだ。

それぞれの能力、実力に合わせてしか、神様の功徳というものは世の中に下ろせない。

器相応に神徳《しんとく》が出てくるわけだが、では最高の器とは何かと考えると、『論語』で書かれているように、器でない器、つまりいろんな器の人を自由に適材適所で活用し動かすことができる器、ということになる。己がないだけでなく、いろんな器を活かすことができる。

最高のものというのは、己の一つのパターンを持たないで、なにものにも適応していけるような自在性がある。そして無の状態で他を活かすことができる。それは、「働きのない働き」とでもいえるかもしれない。働こうと思ったら何でも働けるようになるのだ。

いろんな器の要素を極めて極めて、最後は器ではない器を作る。そうすることによって、長の長たる器が遂にできる訳だ。

例えばこれを企業で見れば、経営者、社長というのは、オールマイティであり、自在性を持った会社の中で最高に偉い人、ということになる。

平社員は、一つの仕事だけすればいいのだが、課長、部長とポストが上になるにつれて、仕事の種類と幅が次第に広がっていくことになり、その頂点に社長がいる。それは、平社員から一つ一つポストが上がるにつれて、器でない器、働きではない働きといった、自在性を身に付けていくことでもある。

だから、人生というのは、器でない器になるための、自在性を身につけるための成長の経過ということでもある。

能力がないから大能を発揮できる

漢の高祖劉邦は単なる風来坊だった。仕事は何もしないのに不思議な人間的魅力によって人を魅きつけ、戦国時代の風雲の中でいつの間にかのし上がった。この人は、小さな戦いでは勝てても大きな戦いになると負けていたのに、いつの間にか最後の戦いに勝って、漢王朝の開祖となった。その劉邦が、高祖となったある宴席で重臣たちを前にして、一人一人を見ながら、こう言った。

「物資の調達ということに関しては、Aよ、おまえにはかなわないな。策略の作戦計画に関しては、B、おまえにはかなわない。財務とか懐具合の軍用金の調達ということで考えたら、C、おまえのやりくり頭には到底かないそうにない。兵の育成ということを考えたら、D、おまえには到底かなわない。戦いに必要な要素のどれひとつをとっても、わしがおまえたちより優れた面はないのに、どうしてわしは漢という国を樹立し、ここに坐ることができたのか」

と頭を傾けて言った。この時、傍らにいた重臣の一人が、

「いや、陛下は将の将たる器を持っているからです」

と言った。

物資の調達に対してはオレ以上の人間はいない。乗馬や調教に関してはオレ以上の人間はいない。人を育てる能力ではオレ以上の人間はいない。軍用金の調達に関してはオレこそ最高である……。といった一芸に秀でた人材というのは、探せばかなりいる。

しかし、そうした〝オレこそは〟といった自信と自負と個性を持った才能を、それぞれにもっともふさわしいところに、適材適所に配して、誰もがヤル気を持って一丸となってやれるよう指導していく。それこそが、〝将の将たる器〟であ

るということだ。そして、それこそが、高祖が漢帝国を樹立する原動力となったのだ。

アメリカのケネディ大統領も、高祖劉邦と似て、ユニークな人材登用法で成功した。民間人や大学教授といった、政治のプロではない素人を側近に起用して、個々の能力をフルに発揮させ、後世に名大統領の名を残した一人だ。政治家としてのキャリアを重視するよりも、能力本位の人事で適材適所に配し、個々の政策立案はスタッフ達に責任を持たせて、自分はオールマイティに全体へ目を配るようにしたのだ。

個々の問題は個々の器にさせ、自分は器ならざる器をして統括する。これが君子であり頭領のあり方であって、洋の東西、古今を問わない真理なのである。

「君子は器ならず」

君子というのは、器じゃない。器じゃない器である。

天の与えた無尽蔵に大きな器を持って、天の徳をもって地の人々を活かす、ということ。これこそ、三十三相に化身する観音様のはたらきというものだろう。お姿はあるけれど、どれが本当の姿かわからないような自在性。どんな姿にでも化身できるということは、それだけ無限で無尽蔵でもあるのだ。

そして、人が生まれ変わり死に変わりし、様々な体験を積んで自らを磨きながら、最終的に目指す境地は、この「器ではない器」だといえよう。一つの器に偏らない、オールマイティな器。その時人は、観音様のように、大自在で人を救えるし、世に本当に必要とされる人材になるのである。

どうしたら幸せになれるか⁉

第3章

まず自分の幸せから始める

人を幸せにしてあげたい、自分の幸せを犠牲にしてでも……というのは、実に美しい心根である。しかしまた、大変に難しいことでもある。

だが、人の幸せももちろんだが、あなた自身はどうだろうか。自分を幸せにできない人が、人を幸せにはできないのではないだろうか。まず手はじめに、自分自身の幸せということを考えなければならない。なぜこんなことを言うかといえば、人のことばかりやっていて、自分が不幸になり自暴自棄になってしまう人が、残念ながら少なくないからだ。それでは、神様の本当の心には沿えないのだ。

まず、自分の幸せのために一生懸命努力して、なおかつ自分の人格を大いに高めること。

そして、世のため、人のためになるように、自分の実力を上げる努力をして生きていく。

このようにすれば、神様も大変喜ばれるし、本当の幸せというものを手に入れることができる。そういう人はまた、他の人の幸せのためにも真に尽くせるのだ。

しかし、自分の幸せのためには他人はどうなってもいい、他人を不幸にしても自分が幸せになりたい、というのはエゴイズムだ。これは、先の話とは似て非なるものである。

自分が幸せになるためなら、平気で他人を傷つけてしまう。このエゴイズムに比べたら、ナルシシズムの方が、まだましだ。ナルシシズムは、自己のなかに留まっているから閉鎖的で、他人を傷つけることがないからだ。

だから人間というのは、他人のことよりもまず自分を幸せにすることを考え、人格を高め、能力を高める努力をするべきなのだ。しかし、それは他人を傷つけたり、不幸にすることではない。

そして、自分が幸せになったら、それを家族、兄弟、親類、友人、職場にと少しずつ広げていくことだ。自分を起点にして〝幸せの輪〟を広げていく、それが道でもある。

「世に益すること、人に益すること、これが善なり」

ということが『陰騭録《いんしつろく》』に書かれている。

何が善で何が悪か、その基本は人々に益することが善。世に益しようと思って生きているのが本当の善である、という意味だ。

気持ちはないのに形だけ善ということを偽善という。心と行動の両方が揃っていなければ本当の善とはいえない。

なぜ世の中に戦争があるのか

ところで、神様の目で見た善悪というのは、私たち人間が判断するそれとは違っていることもある。

神様は、神界、霊界、現実界、過去、現在、未来……にわたる、とても大きく高いところから見ておられるから、私たち人間の水準からは、一見矛盾しているように思えるところもでてくるのだ。

殺人などは、私たちの価値基準でも神様の基準でも最悪の部類に入る。だが、こんな場合はどうか。

悪性のガンで七転八倒の苦しみをしている患者に、安楽死を与えることは悪なのだろうか？　完治することなく、一日毎に衰弱し痛みが増し、鎮痛剤もモルヒネも効かなくなり、ただ死を苦しみながら待っている人を、無理に生かし続けることは、はたして善だろうか。誰しも迷うところであろう。

O教団のような愚かな殺人行為は論外である。しかし先の例のように、何が善で何が悪か、簡単には判断できない場合もあることはお分かりだろう。

角度を変えてみよう。

皆さんは、こんなことを考えたことがないだろうか。どうして神様は今日まで、人間と人間の争い、部族間や民族間、あるいは国家の間での戦争を許してきたのか？

なかでも、第一次、第二次の世界大戦は、地球的な規模での大戦争となり、数百、数千万人もの人が殺されていった。こんな殺人行為を、なぜ神様は黙認されたのか？

もちろん神様は大いに悲しんでおられるのだ。ところが一方で、戦争という悲劇によって私たちは、いろいろな文明や文化を進歩させてきた、という事実がある。

飛行機、船、機械や通信技術だけでなく、国際連合を作って互いにルールを守ることで平和を守ろう、ということになったのも、二度にわたる世界大戦という体験に対する強烈な反省があったからだ。

例えば、ナイフで指を切って血だらけになって痛いから、はじめてケガをする痛みがわかる。ところが最近の子供たちは、親が危険だからというので、ナイフやカミソリといった刃物を使わせないようにしたから、痛みがわからなくなってしまっている。そのために猫に火をつけて、熱さにギャーッともがき苦しむ猫を見て、手を叩いて喜ぶような子供が育ってくることになってしまった。

自分が痛みを体験しないから、他人の痛みがわからず、かえって残酷なことを平然とやるようになる。それこそ大変に恐いことではないか。

戦争というものは、決して善ではない。だが、その悪が人類全体への教訓としてどうしても必要だったから、神様が涙をのんで目をつむっておられた、という面があるのだ。

反対に、私たち人間の基準では善だと思ってしたことが、結果的には相手を傷つけてしまうことがある。しかし、それは「人のために」という善き思いでされたことの結果だから、少々の失敗があっても神様は許してくれるし、さらにもっといい徳を積むチャンスを与えてくれる。

だから、結果が吉でなく凶であったとしても、少しも恐れる必要はない。自分なりのベストを尽くし、間違ったことに気づいたら、反省すればいいのだ。

〝あやまちを改むるに、はばかることなかれ〟

本当の神様は、罪を憎んで人を憎まずだから、努力の結果のミスは許してくれるが、ミスをすることを恐れて、善いことさえもしようとしない人たちには、厳しく評価をなさる。

悪いことをしてはいけないのはあたり前だ。しかし、結果が悪になってしまうことを恐れて、何に対しても消極的になり、世のため人のために益するような生き方をしなくなることを、とがめられるのだ。私達は何のためにこの世の中に生まれてきたのか、それが問われているのである。

結果が失敗であっても、経験は残るから魂は成長する。逆に、失敗をおそれて何もしなければ、魂には何の成長もないのだ。私たちは、御魂の修業（成長）のために、この世に生まれてきている。それを常に考えて、たとえ結果が悪や凶になろうとも、おそれず積極的に行動するべきなのだ。

善因善果、悪因悪果――霊界法則の基本

私たちの日常生活では、すぐにはあらわれにくい、肉体のない精神だけの世界（霊界）では、善因善果、悪因悪果という法則が的確に働く。

よくないことをして霊界に入ると、人によって様々だが、まあ地獄に行く。地獄の中でも無間地獄《むげんじごく》という永遠無窮の無期懲役がある。私は実際に、神霊に見せてもらったのだが、ここでは冷蔵庫にカン詰めにされるなど、よくもまあこれだけあるものだと感心するくらい、沢山の責め方がある。その人の罪業によって、色々ふり分けられて責め苦にあうのだ。

苦しいとか痛いとかいう感情は、現実界ではしばらくすると慣れてしまう。ところが地獄の責め苦は、どんなマゾヒストでも、もう二度と責められたくないと

泣いて頼むほどだ。なぜか？　それが地獄界では何度も再現され、繰り返されて八百年も続くから、その辛さというのは言葉では表わせないものがある。歯医者で歯の神経に触れられた時の痛さというのは、経験した人も多いはずだ。

霊界では、肉体がなくて全身が神経だけという感じなので、地獄の痛みの感覚は、何倍にも増幅されて響いてくる。あの歯神経の痛みが、一瞬でなく永遠に、歯の一本だけでなく全身全霊を貫くと考えたら想像しやすいかも知れない。実際はもっと何百倍もすごいのだが。

この地獄における八百年の滞在年数を、例えば三百年くらいに縮めることもできる。それは、自分の子孫が徳を積むことだ。神仏に寄付をしたり、神社を修復したり、人を沢山助けたり、一身を神様の前に捧げる、といった行ないだ。子孫のそういう功績が地獄に届けられると、苦役が縮められることになる。

つまり、子孫が徳を積めば、その徳に応じて恩赦があるわけだ。もっとも、この世で悪事をはたらかず、徳高く生きて、地獄など行かない方がいいに決まっているのだが。

善悪の基準をはっきり教える

アメリカ人は、小さい時からキリスト教の持つ博愛主義というものを、徹底して教えこまれる。

小さい時から、人のためになるようにしなさい。これが善でこれが悪、良いことと悪いこととの倫理感覚が、ピシッと躾《しつけ》られているのである。

ところが東洋の場合は、〝清濁併せ呑む〟と言われるように、玉虫色ではっきりしない。まるで定規で測ったように、きっちりと分けてしまうのも窮屈だが、玉虫色というのも、社会という視点から考えると、やや困りものという点もある。

社会福祉にしても、アメリカやヨーロッパの国々は非常に進んでいる。お互いの思いやりとか、お互いの理解のしあいによって、ハンディキャップのある人たちに対しても、積極的に理解していこうとしている。

現代の黒死病といわれるエイズにしても、エイズの人と結婚しようとか、エイズの人の子供を生もうという人がいる。これはキリスト教の精神に根ざした社会ルールが、うんと進んでいるからだ。隣人への愛、不変の愛といったものに対して、強い信仰を持っている現れである。

日本の場合、そういう信仰がないわけではないが、多分に玉虫色的であって、社会に対する絶対の善というものが、なかなかできてこなかったことは事実なのだ。神道の惟神《かんながら》の道にしても、不浄なものを嫌っていくという姿勢はあっても、キリスト教精神を生かした社会のような、隣人愛や他人への思いやり、社会性といったものが欠落している、といった欠点をもっている。

このため日本の社会では、社会基準としての、社会のルールとしての善と悪を子供の頃から教えて、しっかり躾《しつけ》として身につけさせるということができていない。特に昨今は顕著である。

しかし、これからは社会規範として、最低限の善悪のルールを設定することが必要となってきている。子供の世界のいじめの問題が、その必要を最も強く問うている。

今から十数年も前に東京富士見中学の鹿川君が自殺したあと、文部省（現文部科学省）は通達を出した。それが近年愛知県の大河原君がほとんど同じようにいじめから自殺すると、十年前とまったく同じ通達を出しているという始末だ(註・平成十一年現在)。政府のお役人をはじめとして、善悪をはっきりさせないことの弊害がこのように現われている。

昔は、電車の中で子供が騒いでも、その子の親が叱らないと、きちんと叱ってくれる年寄りとかがいたものだ。自分の子供にきちんと善悪のしつけをできない親は、今ほどではないが昔もいた。けれど、そういう社会全体の中では修正する力も強かった。今の私達としては、そうできない親達が多い分だけ、善悪のルールをしっかりさせる行ないをやり通すことが大切になっている。もちろん、注意してあげることで、相手が本当の善を知ったなら、それは大きな功徳、徳積みとなって返ってくるのだから。

情けは人のためならず

社会福祉を神霊的にみると、自己実現のお手伝いをするのが、本当の福祉だということになる。

自己を実現したいというものにお手伝いするのが、本当の福祉だというわけだ。

現状では、ヨーロッパやアメリカの方が福祉面では日本をリードしており、社会性の善悪の基準もある。社会の良心なんていうものもある。けれど、日本にも江戸時代の会津藩主の保科正之《ほしなまさゆき》のように、ヨーロッパやアメリカに劣らない社会福祉、児童福祉、老人福祉といった政治をおこなった人もいるのだ。

日本史でいえば行基菩薩が、小川に橋をかけたり、治水かんがい事業をしたり、食べ物のない人たちに食料をあげたりしていた。

その次が光明皇后さんだ。悲田院《ひでんいん》に施薬院を造った。

そして先に紹介した、徳川三代将軍家光の弟さんで、会津若松藩主であった保科正之という人は、世界に誇れる人でもある。

保科正之公は、当時、吉川惟足《よしかわこれたる》という人が教えていた吉川神道を学び、免許皆伝を受けた。この吉川神道は宋学《そうがく》をベースにして神道と結びついた神道学派であるが、それを学び、そして、それを政治のなかで生かした。社会福祉、老人福祉、児童福祉に力を入れて、じつに見事な福祉システムを作り上げた。

例えば、もしも飢饉になった時のために貯えておこうというので、毎年の収穫米のなかから、必ず何年蔵という形で残した。そして、本当に飢饉になった時に、この貯蔵していたお米を皆に与えたそうである。

当時は、現代と違ってお米の出来、不出来は天気次第だっただけに、しばしば飢饉に襲われて、多くの人たちが死亡するなど、沢山の悲劇の原因となった。それだけに、この保科正之公の行いは大変に秀れたものであったと言える。近年、たった一夏の冷夏のおかげで、国産米がなくなって大騒ぎになってしまった今日の日本の農政より、三百年前の保科正之公の治政の方が秀れていたとは、情けない話だ。

もちろん、こうした他人のための思いやりは、子供たちの躾《しつけ》、教育のなかで徹底されていたから、ある時、幕府が日本の藩の中でどこの藩に親孝行な子供が多いのかを調べたところ、会津藩が一番多かったそうだ。

会津藩は明治維新の時も、最後まで、幕府と朝廷とが平和に話し合い、政権を譲るようにと奔走したために、朝敵の汚名をきて、ついには白虎隊のような悲惨な戦いを行うことになった。あの徹底した藩に殉ずるという精神は、こうした背景があったためにつちかわれたのだ。

魂を磨くとカルマが変わる

世の中に完全無欠な人間は一人もいない。たとえば、

・胃腸が弱い
・もう少し頭が良かったら……
・積極性が欲しい
・ヤセたい
・血圧を下げたい
・お金が欲しい
・地位が欲しい
・身長が欲しい
・両親が欲しい
・美男美女で生まれたかった

等々、あげればキリがない。隣りの芝生はキレイに見え、他人のお菓子はおい

しくみえるように、人間の欲望には限りがない。

さして肥ってもいないのに、ヤセたいという欲望が強くなると、やがて拒食症になってしまう。

無理に身長を伸ばそうとして、首を吊ってしまった少年もいる。

権力の魔力、お金の魔力にとりつかれて、転落していった人は数知れない。

もちろん、このような欲望だけでなく、交通事故で親兄弟を亡くしたり、生まれつき、心臓や肝臓が悪かったり、あるいは、四肢に障害を持って生まれてきたりする人たちもいる。

このように、人によって様々なハンディキャップがあるのは、人がそれぞれ違った前世のカルマを背負って生まれてきているからだ。

過去世のなかで、自分自身が蒔いた種や、あるいは先祖が蒔いた種の結果として、現実界（現状）がある。「どうして、こんな悪い運命を背負って生まれてきたんだ」と、世を呪い、神様を呪うのは、見当はずれというものなのだ。

また、福祉はもちろん必要だが、自分はハンディキャップを背負っているのだから、自分よりも健常な人たちや社会が、救いの手を差し伸べてくれるのは当然である、といった考え方も誤っている。

全ての人が、形や現われ方は違っていても、いろいろなカルマを背負って生きている以上、そのカルマをどのように受けとめて生きていくのか、ということが大切なのだ。

カルマに背を向け、消極的に根暗に、世の中やご先祖様を恨みながら生きたのでは、次に転生再生した時には、もっと醜いところに生まれてくることになる。

カルマや人生から逃げないで、前向きに、魂の錬磨に励み、自分のやれる範囲の世界で努力することで、自分の未来を変え、晩年を変え、来世を変えることができるようになっていく。

社会福祉といえば、誰もが国の問題だと考えてしまうが、そうした国の問題と同時に、ハンディキャップを背負った私たちの一人一人の、強い意志と忍耐力、自立心もまた大切なのだ。

〝臭いものにはフタをする〟といった、日本の権力者や庶民の生活の知恵は、長い間、大きくて重いカルマとしてのハンディキャップを背負った、社会的弱者と呼ばれる人を、社会から隔離してきた。

それはあたかも、自分が目を閉じさえすれば、今まで自分が見ていた世界、生きていた世界が全て見えない以上、虚構の世界になってしまう、と考えるのと同じことだ。人は、永遠に目を閉じ続けることはできないから、いずれ目を開けば元の、少しも変わらぬ世界が待っているだけである。

このような考え方は捨て去って、健常者と非健常者が、一緒に社会生活を送れるような方法を選ぶべきだろう。

そのような社会になって、初めて私たちは、自分のカルマを静かに見つめるようになれるし、大きなハンディキャップを背負った人たちの自助努力に、協力の手をさしのべることができるようになり、自分自身の魂を錬磨し、徳を積み、来世を変えることができるようになってくるのである。

陰騭録《いんしつろく》講話にみる徳の積み方

明の時代に、袁了凡《えんのりようぼん》という人がいた。

お母さんの実家が医者だったため、家業を継ごうとして、医学の勉強をしていたという。

ある時、仙人のように思える白髪のおじいさんがやってきて、了凡にこう言った。

「私は、中国で当代随一といわれる易《えき》の大家です。百発百中、あなたの未来を占ってごらんにいれましょう」

と、袁了凡の年齢、母親の年齢、父親の年齢から家族の人数までピタリと当て、さらには病気をした時の年齢や、細かなクセまで当ててしまった。

そこで袁了凡が医学を志していることを話したところ、その老人は、

「それは、やめなさい。本来あなたは官吏に向いている。今すぐ医学の勉強はやめて、官吏の勉強をしなさい」

「しかし、私の家は医者ですから、志を変えるには母の承諾が必要です。それほどまでに言うのでしたら、どうか母を説得して下さい」

そこで老人が母親を説得し、

「それほどおっしゃるのなら、息子の天命を信じて官吏の勉強をさせましょう」

と、母親も納得、袁了凡は官吏を志望することになった。

当時の中国では、科挙《かきょ》という厳しい試験によって官吏に採用され、昇進するしくみになっていたが、その仙人は袁了凡が試験で何点をとり、何番になり、給料はいくら貰うかまで予言し、さらに次の試験の点数から、一生の全てまで……、おまけに残念ながら子供はできず五十七歳で死ぬことまで予言したのであった。

一度目の試験も、二度目の試験も仙人の予言通りになったものだから、袁了凡はすっかり運命論者になってしまった。人の運命はもう決まっている。あの老人のいう通りにしかならないんだと、あきらめてしまったのだ。

そんなある日、袁了凡が廟で禅をしていると、雲谷《うんかい》禅師という有名な禅のお坊さんがやってきた。この高僧が一緒に参禅しようということで、三日間ともに座禅を組むことになったのだった。

その一緒に座禅を組んだ三日間、袁了凡の心には、よけいな雑念、妄想、人生の迷いというものがおよそない。静寂そのものであることに雲谷禅師は感嘆して、了凡を讃えた。

「私も長く禅坊主をやっていますが、あなたのように何の雑念もなく、妄想もなく、静かな捨てきった心のもち主は初めてです。どこで、そのような修業をされたのですか」

得たり、とばかりに袁了凡はこう打ち明けた。

「じつは、これこれといったわけがあって、私の一生はもう決定しているのですから、いまさら悩むことは何もないのです。ですから、私は満足しています」

すると、雲谷《うんかい》禅師はいよいよ感心すると思いきや、カラカラと笑って、

「この愚か者め。それでは何のために生きているか、わからんじゃないか！」

と言い放った。

そして昔の聖賢、仁者、仏門に仕えた人たちの例を上げて、徳を積むことで天の命数を変えるということの大切さについて、教えさとしたのである。

〝そうか、これではいかん。徳を積めば、自分の運命はいくらでも変えられるのだ〟

と悟った袁了凡は、雲谷《うんかい》禅師にいわれたオリジナルの〝得点表〟を作った。

仮に、死にそうな人を救えば一五〇点、壊れかかった神社の修理をすれば八〇点、寺院をなおせば七八点、死にそうな動物を救えば一五点、というようにあらゆる善根功徳を分類して点数化したのである。

そして、それを手がかりにして、今日は何点、次の日は何点、といったように毎日毎日思う限りの徳を積むことを楽しんで、過ごすようになったのである。

そうしたところ、仙人の予言は次第にはずれるようになっていった。給料も増え、子供も生まれ、人生はより幸せになっていき、そして袁了凡は八十六歳まで長生きすることができたのである。本来の寿命より三十歳近く長生きしたわけだ。

この袁了凡の一生は徳を積むことで運命を改善し、造命《ぞうめい》することができた見本といえる。

清水次郎長の生命を救ったもの

徳を積んで運命を改善したのは、何も袁了凡だけではない。日本にも、有名な人がいる。その人こそ、誰あろう、清水の次郎長。講談や浪曲でも有名な、大親分である。明治維新の後は山岡鉄舟の頼みを聞いて、富士の裾野の荒地を開墾したことで名高い。

この次郎長が、まだ名も知られていない、単なる町内の暴れん坊にすぎなかっ

た若い頃のことだ。あるお坊さんが、清水港を通りかかって次郎長の顔を見て、

「私は、長年にわたっていろいろな人の人相を見てきましたが、一度もはずれたことがありません。特に、人の死相についは自信があります。お気を悪くされるかもしれませんが、あなたには死相がでています。それも、この一年以内に亡くなるものです」

と言って、立ち去った。失敬な坊主もいたものである。

若くて血気さかんな次郎長は、〝何をクソ坊主が、いいかげんなことを言いやがって〟と思った。無理もない。一年以内に死ぬ相がでているなどと言われたら、考えれば考えるほど薄気味悪く胸に残る。

気が短くて、言葉よりも手を出す方が早かったくらいの暴れ者であっても、死相が出ていると言われると、どうしても気になる。

それまでは、死ぬことなど何とも思わずにケンカをしていたのが、死相のことを考えると、何となくそれまでのように生命がけのケンカはできなくなって、無意識のうちに安全なものを選ぶようになっていった。

「そうか、あと一年か。悪ふざけで言ったようにも見えなかったし、あれだけ自

信をもって言うところをみると、あながちウソではなさそうだ。本当のことかもしれない……」

そこで、どうせあと一年の生命なら、自分の全財産を一年間で使いきってしまおう、と心に決めて、米問屋という家業をやめ、飲む打つ買う、と遊んで暮らすことにした。

もちろん、貧しい人たちにはタダでどしどしお米を与え、お金も与えた。このため清水港の人たちの次郎長を見る目が変わっていったのである。

酒を飲み、バクチを打ち、ケンカをするのは今までと変わらないが、貧しい者、弱い者を助けることで、庶民にとってはかえって頼りがいのある守護者となっていったのだ。

すると、どうしたことだろう。予言の一年を過ぎても死なないばかりか、二年たっても死なないではないか。

「さては、あの坊主だましたな」

と思っているところへ、ひょっこりとくだんのお坊さんが現われた。

「やい、おまえがあと一年の生命だというから、財産を全部捨てて今までやってきたんだぞ。ところがどうだ。ちっとも死にやしないじゃないか。ウソをついたな、許さんぞ」

「いや、しばらくお待ち下さい……。ハテ、不思議な……。あなたの顔から死相が消えている……」

「何を今さら、言いわけをいってんだ。許さんぞ」

「いやいや、こと死相鑑定に関しては、私は間違ったことがない。ただいまお顔を拝見していえることは、死相は消えている。もしかしてあなたが何か非常に大きな決心をして、善行を施されたのではないですか？　どうです、心当たりはありませんか」

そこで次郎長は考えた。

「そう言われれば、お前に言われてから半年ほどは、どうすることもできずに思い悩んでいたんだが、ある日決心したんだ。どうせ死ぬのなら財産を全部使いきってしまおうとな。それで店を閉めて、今まで以上に飲んで遊んで、その上にそれで困っている人にもどんどん分けてあげれば、この世に思い残すことはないと思ってそうしたんだけどな」

「ああ、そのせいです。つまり、大いなる善根を施すことによって、本来ないはずの寿命も与えられたのです」

清水次郎長が、海道一の侠客といわれるようになったのは、この時の体験をもとにして、生き方を変えたからだ。ヤクザではありながらも〝強きを挫いて弱きを助ける〟世のため人のためになる地味で地道な仕事を引き受けて、縁の下の力持ちのような人生を送ったから、ただのやくざ博徒とは違って、多くの庶民の尊敬を受けるようになったのである。

仏説が教える三つの徳積み法

すでに述べたが『陰騭録』には、徳を積むということは「人に益することを行なう」と述べられている。

ただし、いくら「人に益する」とはいっても、たとえばお金を欲しがっている女性に売春をすすめるとか、欲望を放出したがっている男性に売春をすすめるなどというのは、徳を積むということにはならない。

東南アジアの人たちが貧しさからの脱出を求めているからとか、仕事を求めているからといって、日本男性売春ツアーを企画したり、じゃぱゆきさんとして入国させ暴利をむさぼるということは、いうまでもなく偽善である。いくら「人に益することだ」と弁解しても死ねば地獄行きとなる。

「人に益すること」の基本は、善なる心から発するもの、慈愛でなければならない。清水次郎長が救われたのは、〝強きを挫き弱きを助く〟といった講談的な心情の源に、貧しい人たち、弱い人たちへの慈悲の心があったからでもある。

「人に益すること」というのは、大慈悲をもって、施すべきは施し、戒めるべきは戒める、といったことが必要なのである。

そこで、仏教ではこの「人に益すること」としての徳行を、どのように教えているのかについて述べてみよう。

それは大きく分けると、「体施《たいせ》」「物施《ぶつせ》」「法施《ほつせ》」の三つにわけられる。

「体施」というのは、文字通り自分の身体を使って奉仕《ほうし》をすることだ。たとえば町中の掃除、ボランティア、山野の清掃、在宅療養老人の介護……、体力のある人は身体を使って奉仕をすること、これが「体施」だ。

お金のある人は、お金や物でご奉仕する。これが「物施」だ。

そして、「法施」は、学校の先生やお坊さん、宗教人たちのなすべきことで、人が本来あるべき幸せへの道を説く。法を施すことによって善を行なうことだ。

さらに私がつけ加えれば、霊的空間に無形の善を施す「言霊施《ことだませ》」がある。よい言霊（言葉）を人や物や空間にどんどん施せば、あとで必ずいいことになって結実し、人々の幸せにつながっていく。

又、よい念を人々や事物に施す「念施」によって、霊空間に善の基を形成することもできるのである。

憎しみや怒りの言葉には、毒ガスが含まれていた

ところで「言霊《ことだま》」というのは、日本の神道の独特なもので、今まではそれほど関心がもたれてこなかった。特にヨーロッパの合理主義的宗教観にとっては、色も形も匂いすらない言葉、口から吐き出されたとたんに消えてしまうような言葉に、霊魂が宿っているといった考え方は、不合理の見本のように見なされてきた

のである。しかし、この見方も変わってきている。

近年になって、ドイツの科学者が言葉を測定することの可能な装置を開発して、実験してみたところ、憎しみや怒りにかられて他人のことを悪く言う時、その人の口元から毒性のガスが放出されていることがわかったという。つまり、悪い言葉には実際に毒が含まれていたわけである。

今後、科学が進めばもっと多くのことがわかってくると思われるが、いずれにしても私たちの先祖が、「言霊」として尊敬してきた言葉には、沢山のものが隠されているのだ。

『易経《えききょう》』の中に、

「積善の家には必ず余慶《よけい》あり、積不善の家には必ず余殃《よおう》あり」

とある。

善を積み重ねてきた家には、あり余るほどの慶びがあるが、逆に、善ならざるものを積み重ねてきた家には、よくないことがふりかかる、といった意味だ。

例えば、ロッキード事件で脚光を浴びた故児玉誉士夫さん。

彼は、第二次世界大戦中は、現代で言えばＣＩＡのようなスパイ組織、児玉機関を作って活動し、戦後もさまざまな疑獄や利権の蔭でうごめいていて、必ずしも世間的な評判はいいものがなかった。が、立派な国士であったことは間違いない。

しかし、とにかくさまざまなピンチを切り抜け、あれだけの財をなしたということは、本人も優秀だったにせよ、やはり運があったというべきだろう。

彼の先祖は、故郷で災害があった時、全財産を投げうって、地元の人たちのために尽くしたそうである。その功徳があったからこそ、児玉誉士夫さんもその余慶にあずかることができたのである。しかしスキャンダルの中で晩節を汚したまま死んでしまった。善は善として慶びごとに表れたが、不善もまた、しっかりとカウントされていたということである。

宇宙、
天地自然と
私

第4章

天地一体となる、その真の意味は⁉

荘子は、

「天地と一体とはなるけれど、自らの主体性、個我というものは絶対に失ってはいけない。己れの主体性というものがあって、はじめて自然との調和がはかれる」

と言っている。

それまでは、天地と一体となるといった考え方が修業というものの中心だったが、あまりに天地と一体になることを求めてばかりいて、天地と一体になってしまったら、自分というものがなくなって、死者と同じになってしまうから、自らの主体性を持たなければいけない、ということだ。

天地と一体となっていても、自らの主体性を失わない、というのが本当の神人合一なのであって、荘子の教えるところも同じだ。

口を酸っぱくしていうのだが、今の若い人の間ではやっている霊界話は、これとはまったく違う。

ヨガとか瞑想というのは、いつも宇宙との一体感、天地と一つになることを言っているが、宇宙・天地と一体になるといっても、そこに自分の主体性がないと、自分という存在が失くなってしまう。

自己存在を失くしてしまうのが霊媒師《れいばいし》だ。

霊媒というのは、自分というもの、主体性がないから、霊の言う通りに口うつしに伝えるし、自分に乗り移ってくる霊に意見をするということもない。あくまでも相手の言うがままだ。ヨガの瞑想とか、トランス状態に入って霊がかりになって、メッセージをそのまま伝えるのが霊媒師だ。

よく知られている恐山の巫女（イタコ）のように、霊がかりをして予言するのは、自分という主体がないために憑霊《ひようれい》するのであって、これはレベルの低いものだ。

そこには、自分の個我を持ったままで神様と一つになることも、人格と人格との対話もない。単に憑霊してきたものを写すとか、お告げをやるというだけだ。ヨーロッパやアメリカの霊能者といわれる人たちとも何人も会ったが、自分の主体性、個我といったものを失くしている場合が多く、全体としてやはりレベルは低い。

こうしたレベルの低い人たちの場合、精神錯乱になったり、ノイローゼになって自分が精神病院に入ってしまった、といった人も多い。お清めなんかをしていたら、ウワーッと霊が出てきて、とまらなくなって自分がそのまま病院に入ってしまった、ということだ。

霊能マンガなどというのもずいぶん子供達に読まれているようだが、まだ自己形成ができない子供がヨガにせよコックリさんにせよ、こういうものに夢中になるのは、いよいよ危険だ。大人よりも疑うことを知らないから、あっさり変な霊にひっかかってしまう。知人のお子さんとか、自分のまわりにそういう子供がいたら、冗談話にしないで正しく導いてあげていただきたいものだ。

こういう正しい霊能については、私の著書『吾輩は霊である』（たちばな出版刊）で詳しいので、それで勉強して頂きたい。

神界と魔界

宇宙を〝気と理〟の二種類で分けたのが朱子学だ。

天地は全て気でできている。そして、その気がおのずから、しからしむべきように動いていく、その法則性を、理だという。山は山としてあり、人間は人間として出てくる気があるんだ、というわけだ。大変すっきりした思想だが、これでは神様の一面しか捉えていない。

気と意志を持っているのが神様だ。気と意志があって、そこにおのずから法則性があるのを理というのだ。

気の中に意志の力があるのは、神様も同じだ。だから人間が神様に近づこうと思ったら、はっきり「私はこう思う」、「このように生きたいんだ、間違っていたら反省する」という人格のあり方、意志の存在性がなければいけない。

法則性を司っているのは意志の力で、それが全て神様であり神界のことでもある。だから、宇宙は全部気でできているというのは間違っている。理・気・意三元説が本当だと私は思う。

高級な霊というのは、魂の主体性を大切にされる。何から何まで人間を、思い通りに動かそうとはしない。無人格に、どんどん人に要求してくるというのは、本当の神様ではない。それは、人の肉体を利用して、その霊が何かをしたいと思っているのであって、人の魂に対して愛とか真心とかを持って接しているわけではない。

高級神霊でも人に神がかることがあるが、時間をかけてその本人の個我を大切にして導き育てる。ところが低級霊は、人の主体性や個我といったものは無視して、自分が何かやりたいことのために人の肉体を利用する、ということだ。だから、こうした低級霊に憑かれた霊媒師たちは、死んだらどこへ行くかといえば、魔界に行ってしまう。

自分はこう思う、こうあるべきだ、というハッキリした自分の意志があり、愛のなかったことを反省し、我の出すぎたことを反省し、自分自身の魂、意志のかたまりとしての己を磨いていないから、神様に裁かれるのである。

「天上天下唯我独尊」はこうして生まれた

「天上天下唯我独尊」というと、ほとんどの人が聞いたことがある有名な言葉だ。しかし、お釈迦様が生まれてきた時いきなり左右の人差指を天と地に向けてそう言った、とか教わっている。あるいは、思い上がって人の言葉に耳を貸さない人に、「あの人は『天上天下唯我独尊』だからなあ……」とか、使われる。まったく誤って理解している人が多い。ここで正しておくことも意味あることかも知れない。

お釈迦様は、本当の自分、本当の人生とはどこにあるのか。本当の生命、本当の自己は、どうしたら本当の道というのが究められるのか。本当のものは一体どこにあるんだということで、六年間の断食修業をなさった。これも有名なお話で、知っている人は多いはずだ。

粟粒ひと粒食べないような状態で修業を続けているうち、さる仙人をたずねて、こう質問をした。

「一体どこに本当の道があるんでしょうか」

「何も思わない。思わないということすら何も思わない、ということにおいて人間は真実の状態になるんだ」

仙人は〝無〟の境地のことを言ったわけである。

しかし本当の〝無〟というのは、自分の魂を自分なりに表現しているが、それには己れの欲望とか、気負いとか、悪念が無いという状態のことであって、中味がまるでないガラン洞のスッカラカンということではない。

普通の人なら、よく意味がわからなくても、〝無〟と言われると、何だかわかったような気持ちになってしまう。〝なるほど無の境地か〟〝何も思わない。何も思わないということすら思わないぐらいに、何もないところに真実があり、絶対空間があるのか〟と納得するものだ。

大体、何も考えないなら、考えるより楽でいいや、と思ってしまう人もいたりする。

しかし、お釈迦様は納得しなかった。

「何もない。思わないということすら、思わないぐらい何もない時に、はたして私というのがいるのかいないのか。自我というのはあるのか、ないのか。どっちなんですか」

お釈迦様のこの問いかけに、仙人は答えられなかったという有名な逸話である。

本当のこの私というのは何なのだ。真実の道というのはどこにあるのだろう。難行苦行をしても、その答えは得られない。かといって、悠然と安逸な人生を送っていては、絶対に極められるものでもない。

そこで、もっと本質的なものを見なければいけないと思い立ち、菩提樹の下で静かに端座したのであった。

座っていると、夜になり満天に星が降るように花咲く。その中でも、宵の明星、金星の輝きがひときわ鮮やかに輝き出した時に、突然悟りを開いたのだ。それが、

〝天上天下唯我独尊〟

という言葉になったのである。

天が上にも、天が下にも、ただ我こそが一人貴い。天が上にも、天が下にも、私一人こそがただ貴い。

本当の何もない時に、私はあるのかという迷いの中で、悟りを開いただけに、

その時にお釈迦様の心から湧き出してきた歓喜は、純粋で爆発的なものがあった。絶対的な自分というものの意識。これが自分の中の本当の自分なのだ、といった歓喜が満ちる。

これが〝涅槃寂静《ねはんじやくじよう》〟の境地だ。

涅槃寂静《ねはんじやくじよう》を間違えるな!

普通、涅槃寂静の境地といえば、とても静かで澄みきった世界、といったものを考えがちだが、これも誤解だ。

お釈迦さんが悟りを開いた涅槃寂静の境地というものは、理屈も文学も乗り越えて、身体全体が心の底から爆発するように次々と湧き上ってくる歓喜を、手を振り足の舞うところを知らないといった、ダイナミックな心境なのである。

自分にとっては、どれほどの地位や名誉、財産や喜びよりも、今のこの歓喜を越えられるものはない。それほどにこの〝天上天下唯我独尊〟という、究極の悟りは大きなものだった。

お釈迦様にとっては、六年を越える難行苦行の末に得た悟りである。なまじの人に話をしても、とてもわかってはもらえないだろうから、人に話すのはやめようと真剣に思ったほどだったのだ。

しかしその時、梵天《ぼんてん》・帝釈天《たいしやくてん》が現われて、お前の今悟った幸せを、まだ本当の道がわからない人たちのために布教しなさい、と話された。

「私のこの気持ちは、極め難い難解難入のものですから、人に説いてみてもわからないと思います。説いてみても無駄なように思われますが」

「いや、それでもいいから、話しなさい。そして苦しんでいる人を少しでも助けなさい」

ということで、お釈迦様は布教されることを決心したのであった。

不可能を知りつつも、少しでもそこに近づくようにということで努力を続けた。「天上天下唯我独尊」という言葉には、そのようにして悟りを開いたお釈迦様の努力がある。

くれぐれも「世界中で自分ひとり偉い」などと誤用しないでほしい。

芸術がわからないと神様はわからない

自分を探求し続けることで悟りの境地に到達し、歓喜に満ちた本当の自分に目覚める。それが永遠の自己なのだ。

その境地においては、自分を失っているのではなく、自分の個我というものがしっかりと確立されている。自分のなかにある神様や仏様の部分が、はっきりとした人格、意志の力として主体性を持っているわけである。

それは、ヨガの言うようにエネルギーとか気によって、宇宙と一体となるといったものではない。

例えば、霊をうつしてそれをそのまま伝えるなどという霊能者がいるが、本人がそれをどこまで主体的に、消化吸収して自分のものとして出しているのか。それでその霊能のレベルがわかる。

神霊というのは完全であり究極的に美しい。そういう美とか感覚というものを、自分の魂でよく噛みくだいて、主体的な自分として表現するというのは、現世では芸術の分野に近い。音楽にしろ、絵画や書道にしても、自分なりの魂で何か受けたものを表現する。神様に近づく道は、この芸術と大変似ている。

美の世界を、自分の魂を通じて、魂の美によって表現するところに芸術の本当の意味がある。もちろん、美のなかには、頽廃の美というものもあるが、これは地獄の霊たちが喜ぶ美でしかない。

美にもランクがあって、それなりに人を幸せにし、感動を与えるものが芸術としての美だ。

神様というのは、大科学者であると同時に大芸術家でもあるから、芸術的要素を踏まえないと、本当の神様はわからない。すぐれた芸術家は、本当に美しいものをとらえて、自己を介して本当に美しいもの（作品）として創作する。単なるコピーではないし、実際、行なっていることは神様に近い。

だから、自分のことを神様だと自称しているような人で、すごく絵が下手だとか、すごく字が汚いとか、歌を歌うと近所のヌカ味噌が腐るというような人は、神様であるわけがないということになる。

もっとも、芸術で高度な美を表現するには熟練がいる。だから神がかるような人でも、今はまだ芸術の才能はあっても表現し切れない場合もあるだろう。要は、その人が芸術に素質があり、センスがあり、開眼している、真髄を得ているなど、芸術を解する人であることが、神の美や、神そのものを、何かで素晴らしく表現できる神人合一出来る人である、といえるのである。

もし、その芸術才（素質やセンス）を持ち合わせていないなら、その人は偽者である。そんな人に高級神霊が神がかるわけがない。

神の素晴らしさや美しさの万分の一もキャッチできないし、ましてや表現し得るわけがない。

そういう人の話を聞くくらいなら、美術館やコンサートに行って素晴らしい芸術作品に接する方が、よほど神様に近づけるのである。

悪因縁は
これで
切れる！

第5章

霊障は天の警告

ここまでの章では、幸せになるための方法を、歴史上の人物などの例を取り上げながら様々な角度から検討してきた。その考え方と哲学を深く咀嚼し、明るく前向きな姿勢で日常生活をすごしていけば、あなたはもう「どうしよう」と思い悩んで、迷い道に入りこむこともなくなるだろう。そして、これからの人生を自分の目標に向かって真っ直ぐに歩んで行くことができるはずである。

しかし、どんなに努力しても、何か物事がうまく進まない、身の回りで不可抗力と思われるような事故が勃発し続けるというような場合、あなたの幸せを妨げようとする別の力が働いていると思ったほうがいいだろう。

結論から言ってしまえば、それは霊の仕業（霊障《れいしょう》）なのである。

この本のテーマは「幸せ」ということだが、誰にとっても一番の願いである幸せを、積極的に妨害しようとしているのが悪霊なのだ。霊については拙著『吾輩は霊である』で基本的な心得を一通り説明したが、ここでは、少し角度を変えて、その積極的な防衛法を中心にお話ししようと思う。これを参考に、あなたの「それから」をさらに充実したものにしていただければ幸いである。

霊界の法則については３章で簡単に説明したが、人間は死んで肉体を失えば、誰でも霊界へ行って一定期間の修業を積まなくてはならない。しかし、中には肉体を失ってもその法則に従わずにこの世をうろついている霊もいる。これが、邪《じゃ》霊《れい》とか悪霊《あくりょう》と呼ばれる低級霊である。

たとえば、誰かに強い恨みを残して死んだとしよう。するとその霊は、自らの怨念の思いに縛られて霊界へと旅立つことができず、この世にとどまることになる。そして、その怨念を晴らすため、恨みを持つ人間やその子孫に憑依《ひょうい》して、その運命を狂わせていくのだ。これが、「たたり霊」と言われているものである。

また死んだことに無自覚な霊や、自分の行くべき霊界がわからない霊は、「浮遊霊」となってよく街中をさまよっている。浮遊霊は気力に乏しく、自分の置かれている状況を理解できずに不安感をつのらせているので、誰かに頼ろうとする傾向がある。そんなとき、たまたま近くを通りかかった人間が、浮遊霊と同じような不安感を持っていたり、目的もなく、無気力であったりすると、霊体の波長が同調して、その人間に憑依する。

また、土地や建物に強い執着を持っていたり、自殺した霊は、「地縛霊」となって、その場所にとどまっている。地縛霊は、近くを通りかかった人間に災いをもたらすが、波長が合えば人に憑依することもある。憑依された人間は、病気になったり、事故に遭ったり、仕事などでミスしたりとろくなことがない。

ところで、私たちは、一日二十四時間、一年三百六十五日、守護霊様、守護神様に見守られている。それでも霊に憑依されてしまうというのは、守護のご神霊がその人を守護できない状態にあるからだ。

守護のご神霊は、魂の教育係である。

私たちが生まれてきた目的は、御魂《みたま》を磨いて向上させ、一歩でも神様に近づいていくことだ。神様はそのために私たち人間に自由意志というものを与えてくださった。自らの意志で精進努力し、様々な体験と、それを乗り越える過程において、御魂は磨かれ、光輝いていくのである。そういう進歩、発展、向上しようとする人には、ご神霊は喜んで守護してくださる。

しかし、守護のご神霊は、本人が努力せずに堕落していく場合、あるいは自分の過ちや欠点に気付かずにいる場合など、その人が悪霊に支配されても決して手を貸そうとはされない。霊障（邪霊、悪霊にやられていること）とは、守護のご神霊に見放された状態なのである。

いつも神様に守られるように祈り、神様のほうへ自分を向け、神様に喜ばれるような生活態度で生きていれば、強くご神霊に導かれ守護される。強いエネルギーをいただけるので、悪霊の入りこむ余地などない。霊障にやられるということは、常日頃の生活態度や想念のあり方がどこか間違っているからなのだ。つまり霊障は、天の警告なのである。

だから、霊に憑かれたと思われるような場合は、すぐに自分の日頃のあり方を反省してみる必要がある。

我と慢心はなかったか。精進努力に怠りはなかったか。狎《な》れはなかったか。誰かを妬んだり憎んだりしていなかったか。

そして、自分の非を悟り、

「よし、ここを直そう」

と、すみやかに反省して改めて、一層の精進努力をしていけば、守護のご神霊は、「よくぞ気がついた」

と再び守護の手を差し延べてくださるのである。

そして、その瞬間に憑依していた霊はスッと離れていく。

もし、それが強い悪霊であれば、もっと強いご神霊が加勢してくださる。不動明王、スサノオの神様、金神様など……、正神界にはいくらでも強い神仏がいらっしゃる。天変地異を起こすパワーを持った神様もいらっしゃるし、どんな邪神《じゃしん》も太刀打ちできない全知全能の神様も控えておられるのだ。

ただ、ここで注意しなければならないのは、神様の神力をあてにして、自分自身の最善の努力を怠ると、邪神にやられてしまうということである。楽をしても力を貸してくれるのは正神界《せいしんかい》のご神霊ではない。神力をあてにしての神頼みは、邪神のえじきにされて、間違った方向に導かれてしまう危険があるということを、心得ておいていただきたい。

悪霊にやられない三つの方法

悪霊に取り憑《つ》かれないための〈第一条〉――マイナスの想念を出すな

簡単にいえば、霊とは、心である。生きているときの思いが結晶化して、肉体を失った後もこの世にとどまっているものである。明るい思い、前向きな思いを持っていれば、素直に霊界へと羽ばたいていくのだから、この世にとどまる霊の思いとは、その反対のものに限られる。つまり、憎しみ、恨み、妬み、怒り、悲しみ、執着、恐怖、などのマイナス想念である。

私達が、そうしたマイナス想念を心にいだくと、その思いが同調現象を起こして、同じ思いを持ってこの世をさまよっている霊に憑依されることになる。

平たく言えば、霊が、

「あっ、お友達だ」

と思って取り憑いてしまうのである。

すると、自分の性格の中にあるマイナス部分がますます増幅されて、その結果、だんだんと不幸な方向へと人生が引きずられていってしまう。

あるいは、

「もう死にたい」

などという強度のマイナスの思いを持って、たまたま自殺した地縛霊のいるところなどを通ると、スッと取り憑かれて、そのまま死にたくなり、発作的にビルから飛び下りて、本当に死んでしまうことだってある。

そういうわけで、悪霊に取り憑かれないための第一条は、そうしたマイナスの感情を抱かないように、自分自身をコントロールしていくことである。

悪霊に取り憑《つ》かれないための〈第二条〉
――恐れない、気にしない、同情しない

では、ソコソコほがらかでノンビリと生きているような人は、霊に取り憑かれることはないのだろうか。これが実は案外危ないのである。不合理だと思われるかも知れないが、善人にも悪霊は憑くのだ。特に優しくていい人というのは、霊に頼られる傾向が強い。

優しくていい人というのは、何でもすぐに可哀相と思って同情してしまう。確かにある意味で、成仏できていない霊は幸せではない。可哀想である。しかし、安易な気持ちで興味を持たない方がよい。霊は思いの存在だから、思いを向ければ寄って来るからだ。

たとえば、お墓参りに行って、家の墓だけならまだしも、無縁仏にまで手を合わせてしまうような人は、自分で浮遊霊を呼び込んでいるようなものだ。いかなる感情であれ、思いを向けること自体が、霊につけいる隙を与えることになる。そういう意味では、近頃流行りの超能力志向の人とか、霊界マニアの人というのも危ない。また、逆に必要以上に霊を怖がるのも、心の中ではかえって強く意識していることになるので同じことだ。というわけで、悪霊に取り憑かれないための第二条は「恐れない、気にしない、同情しない」の三原則を守ることである。

悪霊に取り憑《つ》かれないための〈第三条〉――目標を持って、情熱的に生きる

悪霊は「心ここにあらず」といった状態を好むものだ。隙間だらけの心なら、どこからでも入っていくことができるからである。だから、積極的に悪霊の侵入を防ぐためには、常に何かで心を満たしているような状態をつくることだ。そのためには、短期、中期、長期の自分の目標を設定し、常にそれに向かって邁進していくようにするのが一番いいだろう。これは、同時に自分の人生を切り開いていくためにも大切なことだ。

2章で説明した白隠禅師のように、死ぬまで情熱的に生き続ければ、一生悪霊のつけいる隙などないのだ。だから、悪霊に取り憑かれないための第三条は、このように忙しく、目標を持って情熱的に生きること、なのである。

しかし、とりあえず何を目標にしていいか分からないという人もいるだろう。そういう人は、とにかく暇な時間をつくらないことだ。そして、とりあえず今、目の前にあることに全力を尽くすこと。仕事でも家事でも勉強でも、目前のことに全力を傾注することだ。

すると、心に隙間ができないだけではなく、御魂が発動《はつどう》して輝きはじめる。御魂が発動すれば、守護のご神霊が導きの手を差しのべてくださる。すると、悪霊が寄り付けないし、憑かれていた人も悪霊が離れていくだけでなく、次に自分がなすべきことも明確になっていくのだ。つまり、もっとも積極的な悪霊退散法とは、自分自身が人生を切り開き、幸せになっていく努力を始めることなのである。

愛と真心で霊障をはね除ける

どんなときに悪霊に憑かれてしまうのか、もう少し具体的に考えてみよう。

仕事を一日やったり、長い時間あれこれと想いを廻らせていると、誰でも疲れる。そこで、一休みということになるのだが、実はこの時が悪霊にとっては、人に取り憑く一つのチャンスなのだ。

「やれやれ、これで一休みだ」

と思うと気持ちがダラ～ッとなる。

このダラ～ッとした気分が長く続くと、スッと悪霊が入りこむ。すると、ダラダラした気分が元に戻らなくなる。

精一杯何かをやった後なら、霊光が身体を包み込んでいるので悪霊や邪霊は近寄れない。また、休んでもその後に、積極的に向かおうとする次の目標があり、その活動の為に体を休ませるというのなら大丈夫だ。精神のどこかの部分がピッと立っているから心配ない。しかし、次なる仕事をイヤだナ……と思っていて、ヤル気も充実感も目標もないまま、消極的な心のまま仕事に向かう時が問題だ。

「仕事をやらなくては……」

と思うには思うのだが、全然気分が乗ってこない。こういう時は危ない。いつの間にか霊が入り込んで、居座っていることが多い。

何故邪霊が来て、なかなか離れないのかというと、仕事をせねばならないという義務感や責任感が先に出てしまって、肝心の神様の御心にかなう誠意や真心が先に立っていないからだ。

また、

「ああしたらいい、こうしたらいい」

という知恵が先に立っても、神様は喜ばれないから助けては下さらない。

それから、うまくいくとか、失敗するかも知れないという感覚が先に立っても駄目なのである。

では、どうすれば悪霊をはね除け、ご神霊の応援を得ることができるのか、本の出版という仕事を例にとって考えてみよう。

まず**Cレベルの人**は、自分はこんな本をつくりたい、という自己顕示欲が先にあって、これで売ってやろうという気持ちで本を出そうとする。これでは神様は動いてくださらない。

Bレベルの人は、今売れているのはどんな本なのか、今の時流にあったテーマは何なのかということを研究し、考えて出版しようとする。これはたしかに、多少の努力がみられるので前者よりはいい。ところが、これでもまだ、神様はあまり力を貸そうとは思われない。

では、**Aレベル**の人はどう考えるのか。

ただただ読者の皆さんに大いに喜んでいただけるような本、読んだ人にとって少しでも多くプラスになるような本ができればいい。その為に、いい本を作ろうと精一杯出来る限りの努力、研究して頑張る、というのがAレベルである。売れるとか売れないとか、自分を知ってほしいとかいうことは念頭から消して、読者の喜びを自分の喜びとする。つまり、誠意と真心が先に立っているのである。

このような気持ちで仕事をすれば、気負いや我も欲もなく、知恵も先行していないので、霊障にやられることもなく、神様も喜んで応援してくださる。そう（Aレベルの人のように）お考えなのが神様だから、まさに、よくぞ我が意を得たり！　とA氏を応援されないわけがないのである。

そして、神と一緒（一体）となって行動したご褒美として、歓喜とエネルギーをいただくことができる。すると、苦しいことも楽しくなってくる。魂の奥底から充実感と喜びが湧き上がってくるのだ。

そして、出版に携わった本人にも、その周りの人にも読者にとってもよい方向で、すべてが自然に形が整っていく。すなわち本が売れ、名が上がり、富を得るという結果となる。

そのように幸せというのは、神様の御心にあったことをしたときに、結果として、神様からいただくご褒美なのである。

霊媒体質改善法

本人の想念の問題とは別に、体質的な問題として霊的なものに敏感な人間と、そうでない人というのがいる。前章で、霊媒のことについて触れたが、かく言う私も、実は異常な程の霊媒体質人間なのである。

学生時代は、本を読んでいても著者の念が伝わってきて、目がシバシバしてしまう有り様だった。特別に霊的な本を読んでいたわけではない。普通の経済の本でも教科書でも、五分も読んでいると気分が悪くなってくるのだ。五分本を読んでは二時間寝込んでしまうくらい、霊的に敏感だったのである。

もちろん、人と話すのでも、気の明るい人といる時は大丈夫なのだが、重苦しい気分の人が側に来ると、すぐにフニャフニャになって、思考能力が完全にストップしてしまう。これでは勉強も手につかない。

電車の中で本を読んでいる人を見て、

「うらやまし〜。ああ、普通に本が読めたらなあ」

と何度思ったことだろう。

このままでは、学校も卒業できない。神様は私に知性のいらない人生をお与えになったのだろうか、と真剣に悩んだ。自殺して生まれ変わりたいとさえ思った程である。後に霊界の様子をつぶさに見て、このとき自殺しなくて本当によかったと思っている。自殺した人の霊界というのは、本人の周りが薄明るいだけで、あとは真っ暗なのだ。これは本人の心の状態が作った霊界である。そんな苦しい状態が何百年も続くのだから、とてもバカらしくて自殺などする気にはなれないのである。

そんなギリギリのところまで来て、わたしは神様に祈願をした。

「神様、普通に本が読めるようになれますように」

と毎日三時間、欠かさずに祈り続けたのである。

そうして一週間もたった頃、ふと本が読めそうな気がして手元にあった本を開いてみた。すると、突然、後頭部がカーッと熱くなってきた。そして、読みはじめると、本の著者からくる念よりも強い光が目から出てきて、スラスラと読むことができたのだ。このときの感動というものは、はじめから普通に本が読めるノーマルな人には、ちょっと理解できないだろう。

そうしてわたしは、生まれてはじめて集中して本を読むことができた。ところが、読み終わってみると何が書いてあったのかサッパリ思い出せないのだ。読んだそばから忘れてしまい、頭には何も残らない。これは一体どうしたことだろう、と再びわたしは思い悩んでしまった。

しかし、意外に早くこの問題は解決した。本を読んだ後には、すっかりその内容を忘れてしまうのだが、必要なときになると、必要な箇所がパッと出てくることに気がついたのだ。

読んだ知識を血液の中に入れる

普通の人の読書というのは、知識が脳神経の中に詰め込まれる。そして、頭の中で色々な念とゴチャゴチャになって、大事なときに必要なことがなかなか出てこない。

ところが、わたしの場合、知識が血液の中に入るのだ。これをわたしは『御魂《みたま》の恩頼《ふゆ》読書』と呼んでいるのだが、魂・霊体というのは、物質化すると血液になるのである。そして、必要なときに必要な箇所が必要なだけ出てくる。こうして血液となった知識は、十年たっても二十年たっても、決して忘れることはないのである。

御魂の恩頼《ふゆ》とは、簡単にいえば魂の栄養ということだ。

その本が役に立つか役に立たないか、有意義か有意義でないかは、その場の判断ではわからない。今すぐには必要でなくても、ずっと後になって、その知識が生きる場合もあるだろう。これは読書に限ったことではない。一見無駄と思えるような単純作業でも「御魂の恩頼《ふゆ》にならしめたまえ」という気持ちでやっていると、それが全部魂の栄養になるのだ。

世の中のどんな事でも無駄な事というのはない。つまらない掃除でも、つまらない電話の取次ぎでも、こんなもの何になるのかと思えるようなことでも、一生懸命にやればすべて御魂の恩頼となる。そして、今までしてきたことのすべてが、必ずあとで活かされていくのである。

話を元に戻すが、霊媒体質を改善するには、神様に向かって真剣に強い意志で祈り続けて、霊障をはね除けるような神気をいただくほかはない。そうすれば、私のように体質をプラスに活かすことができる。しかし、そのためには、

「絶対にこの体質を乗り越えるんだ！」

という継続した、強い気迫と深い求道心がなければ、とてもクリアーできない

だろう。

それができるまでは、常に只今只今を真剣に生きて、悪霊に寄りつくスキを与えないことだ。霊媒体質の人は特にこの心がけが大切である。

因縁の糸をたどる霊

私たちは誰でも自分自身の前世の因縁と、家代々の因縁を背負って生まれてくるのだが、霊の中には、家代々の因縁の糸をたどって、その家の子孫に取り憑くものもいる。

それは低い霊層に行った先祖霊と、その家の先祖に強い恨みを持ったたたり霊である。

先祖の霊が、なぜ子孫に憑依するのか不思議に思うかも知れない。もとより、霊界で真面目に修業をしているご先祖様の霊（中間より上の霊層へ行った先祖霊）は、この世に迷い出たりはしない。では、どんな先祖が霊界の法則を破って、この世にやって来るのか。それは地獄に堕ちて、その苦しみから逃れようと抜け出してきた霊たちである。

生きている人間の世界では、「遠くの親戚より近くの他人」などというが、自分が苦しい立場になって本当に困ったときには、親戚でも友人でも、どんなに遠くても助けてくれる人のところに行くものである。まして霊は思いそのものの存在だから、物理的な距離など全く関係ないのだ。そして時間、空間も霊界にはない。だから想えば一瞬にしてやって来れる。

話は戻るが、何代も前の先祖の霊が、この世に知り合いがいるわけもない。助けを求めるのは、当然血縁をたどった子孫ということになる。

ところで、世の中には殊勝な人もいて、子孫として、苦しんでいるご先祖様を救うのは当然と考えている方が、少なからずいるらしい。そういう方は、毎日、一生懸命先祖供養をしているようだ。しかし、ちょっと考えていただきたい。

何故、その先祖は地獄に墜ちたのだろうか。

彼らはこの世に生きているときに悪業を積んで人々を苦しめ、地獄でその贖いを課せられているのである。その先祖を恨んでいる霊も多いだろう。家代々のカルマをつくり、彼らを恨むたたり霊に子孫が苦しめられているのも、元はといえば、彼らの責任なのだ。

もちろん、そうした地獄に落ちた先祖のいる因縁の家に生まれるというのは、自分自身の前世の業ではある。しかし、だからといって霊界法則もよく知らずに、やみくもに悪霊を助けようとするということは、やめた方がいい。彼らに意識を向け、同情した分だけ、よけいに取り憑かれて、結果、運が悪くなるし、病気にもなるからである。その先祖霊は、結局、自分が救われたいという自分のことしか考えない者たちだからである。

そんな先祖の霊に比べれば、まだたたり霊のほうが同情の余地はある。何代にも渡ってたたり続けるからには、それなりの理由があるのだ。

あなたの先祖に、それ相当のひどい仕打ちを受けたのである。しかし、これは親が悪いことをしたからといって、その子供をいじめるようなものだから、やはり筋違いといえるだろう。

たたり霊は普通、自分がされたのと同じことを取り憑いた人間にしようとする。自分が肉体を持っていたときと同じ苦しみ、死ぬときにいだいた同じ悲しく悔しい思いを、因縁のある人の運命に反復させようとするのだ。

たとえば、男女の葛藤に苦しめられた霊ならば、その人間の異性関係をことごとく壊すことで恨みを晴らそうとする。騙し打ちにあった霊なら、謀略をめぐらして罠にはめたり、事故にあわせようとするし、自殺した霊は、取り憑いた人間を自殺させようとする。

また、頭のいい霊は、自分のたたる力が弱いと思えば何でも利用して、取り憑いた人間を不幸に追い込もうとする。他の霊を呼び寄せて背後から操ったり、木を切らせたり井戸を埋めさせたりさせて（木霊のたたり、井戸霊のたたりによって）、運命を狂わせようとすることもある。こうなると巷の霊能者では、とても霊の正体を見破ることなどできないだろう。

（※先祖供養が全ていけないというわけではない。正しい先祖供養の方法については、拙著『吾輩は霊である』（たちばな出版刊）で詳しく述べたので、ご参照いただきたい）

運気のスキを悪霊が狙う

本人が想念を正しく持ち、常に前向きな姿勢で明るく生きていれば、浮遊霊や自縛霊に取り憑かれるということは、あまり心配しなくてもよいだろう。

しかし、因縁をたどってくるたたり霊の場合は、本人の想念など無関係に一生懸命たたりにくる。それでも、元気に明るくすごしている間はあまり霊障は出ないものだが、人間誰でも嫌なことがあれば、どうしても気持ちが暗くなるものだ。そんなときには、ここぞとばかりにたたり霊は色々なことを仕掛けてくるし、他の悪霊もその期に乗じてスッと入り込むことがある。そうなると、今まで上向きだった運命の歯車が微妙に狂いだし、思いもどんどん暗いほうへと引きずられていくようになる。

また、どんなに運の強い人でも、業が吹き出してくる時期というものがある。因縁というのは、ある程度数値的に置き換えることができる。前世で積んだ徳分をプラス、業をマイナスとして計算すれば、今生で引受けなければならない因縁というものが算出されるのだ。オギャアと生まれたその日から、だいたい何年何月頃に、どういう災いに合うかということは決められている。これを天の命数という。

この天の命数に従って、悪因縁が吹き出す時期を大殺界だとか、天中殺と呼んでいる人もいる。いわゆる凶運期（衰運期）だが、大殺界も天中殺も古くからある四柱推命の空亡《くうぼう》のことである。

また、厄年などもその代表的な時期だ。

ただし、凶運期も人によって出方が異なる場合がある。それまでずっと調子の良かった人は一時的に運勢が停滞するが、今までずっと冴えなかった人の場合、凶運期を境にかえって運が上向きになることもある。これは、その人が長い時間をかけて少しずつ因縁を解消していった結果なのだ。

また、大きな災い（死ぬような目にあうなど）を受けた後から、突然、運がよくなる人もいる。これは厄が払えたとか言うが、まさにその通りで、業が災難による苦しみで一度に消えてしまったからである。

いずれにしても、悪霊はこの業が吹き出す時期というのを見計らっている。霊はこの世の存在ではないから、その程度の予知は簡単にできるのだ。そして、ことあるごとに様々な布石を打ちながら、どうやって苦しめるのか、ちゃんと計画を立てているのである。

不幸というものは、それが日常的な状態になるとあまり感じなくなるものだ。人間一番辛いのは、幸福の絶頂から真っ逆さまに突き落とされることである。

たとえば、恋愛をして何年も愛を育んで、周囲の人からも祝福されて、いざ結婚という段階になって、婚約解消とかで、ドーンと一気に奈落の底に突き落とす。あるいは、仕事でも何年もかけて成果を積み上げ、信用を得て、いよいよ大きな取引がまとまりかけたというところでスコーンとぶち壊す。悪霊はそんなドラマを演出するのだ。

こうした計画を未然に防ぐためには、やはり今憑《つ》いている（かどうかは分からなくても）低級霊を一度、除霊《じょれい》によってきれいに除く、大掃除をしておかれることをお勧めする。必ずどんな人でも、多かれ少なかれ家代々の悪因縁はきているので、曇り空が快晴になったような、心の中のすがすがしい変化に驚かれることだろう。

霊は祓《はら》えばいいというものではない

最近は雑誌などに、霊と交流したり、悪霊を祓うマニュアルのようなものが載っていることがしばしばあるようだ。

この際ハッキリ申し上げておくが、素人の方が遊び半分で霊の問題に直接かかわることは大変危険である。絶対にやめた方がいい。特に相手が悪霊だとわかっていながら、ちょっかいを出すというようなことは、もう自殺行為と言ったほうがいいだろう。

では、いわゆる霊能者の先生にお願いすれば、大丈夫なのかというと一概にはそうとも言い切れない。確かに、霊能者といわれている人はある程度霊が見えたり、霊の声が聞こえたりはしているようだ。しかし、そのほとんどは、キツネやヘビ、そして狸などの低級霊か、邪神界の魔物が憑いてそうさせているのである。つまり霊に使われているだけなのだ。

それでも念の弱い浮遊霊程度ならば、祓い落とすことはできる。しかし、祓われた霊はどこに行くのだろうか。その霊能者に憑依してくれればまだいい。だが、多くの場合はまた本人に帰って来る。あるいは、近くにいる霊媒体質の人にすぐ憑いてしまうのである。これでは霊障のタライ回しだ。

このような霊視ができたり、お祓いをする霊能者は、物の考え方や言動が社会の常識から逸脱している場合が多い。

口では愛と調和を説きながら、その行動がエゴイスティックであったり、他人に対する最低限の礼節さえ欠いているようならば、これは間違いなく低級霊の仕業だ。その人の生き方や人格の基礎になっている性格が、低次元の霊界の波長と同調しているから、いくら修業をして霊能を開発しても、そのレベルの霊しか呼ぶことができないのである。

いや、むしろ、低級な人格のまま霊能開発（霊的に過敏になる）の修業をするので、すればする程、低級霊ばかりを強く呼び込んでしまう磁石のようになってしまうのである。

しかも、これは本人が自覚していない場合がほとんどだから、余計に始末が悪い。

「私は天照大御神です」

とキツネが言っても、本人がそれを審神《さにわ》（霊を見分ける事）する知識も能力もないのだから、その声の主を本当の神様だと信じこんで、舞い上がってしまうのだ。そして、あとはもうただキツネの言いなりである。

また、こうした低級霊は、お前はこうしなければならない、これをやれ、あれをしろとやたらに干渉的なことが多い。悪霊は肉体を持たないことに苛立っているので、自分の思いを実現させることをあせって、色々と命令するのだ。しかし、本当の高級霊や神様は、本人の自由意志を尊重し、時間をかけてじっくりと御魂の完成へ導いていくものなのである。

こうした低級霊や魔物に操られている霊能者も、除霊をするし、病気治しや予知のようなこともする。しかし、それは決して本人の幸せを願ってのことではない。有り難がって通いつめているうちに、通う人の心は、霊能者に憑いている低級霊や魔物にどんどん侵されていく。気がついたときにはもう、手遅れ、ということにもなりかねないので、くれぐれもご用心いただきたい。

悪霊を救済することの意味

あらためて申し上げるが、私も霊能者である。従って、当然、救霊《きゅうれい》（除霊）も行なっている。ただ、実際に霊を霊界へ連れていくのは正神界のご神霊であり、私はその「お取次《とりつ》ぎ」をさせていただいているのである。

これが霊力で霊を祓《はら》うのみの一般に行なわれる除霊と、人が愛と真心によって神霊を動かし、神霊のお力（神力）で霊を救う除霊（私たちが行なう救霊にあたる）の大きな違いである。

前者は、怨念霊が一時的に離れるが、また再びより強い怨みを持って帰ってくる。一方後者は、霊が改心し反省して人の体から離れていく（霊界に帰っていく）のである。どちらがよいかはもういうまでもないだろう。

救霊の本義は文字通り、霊を救うことにある。つまり、霊障に苦しむ人々から霊を取り外すだけではなく、霊の怨念をやわらげ、必ず改心までさせる。霊界の法則を説いて、本来所属すべき霊界に戻るように説得して霊を救済するのである。

恨みの念が解けた霊は、霊格があがるので、多くは地獄から中有霊界下層あたりまで、神様に引き上げていただける。そこで本来の修業に努めることになるので、再びその霊が人間に憑依するということは滅多にない。

しかし、強い恨みや暗い想念を持つ霊は、いくら霊界の法則を説いてもなかなか納得しようとはしないものだ。この時大切なのは、傷ついた霊の魂を心からいたわり、癒してあげることである。愛と真心をつくして霊の気持ちを受けとめ、霊の想念を転換させていくのだ。

これが本当の除霊であり、正しい救済法《きゅうさいほう》なのである。そうすると、除霊（救霊）を受けた人には、必ずなんらかの、よき運命の変化が起こってくる。それも救霊は受けた本人のみならず、周囲までハッキリ気付く程、好調な運命に変わってしまうのである。

どんな人でも必ず、多かれ少なかれ家代々の悪因縁は受け継いでいる。それで本来なら掴めるはずの幸せも、妨げられていることが多いのである。だからあなたも一度は、あなたにまつわる不幸な霊たちの救済（除霊＝救霊）を、受けたい、と思われた時に、受けておかれることをお勧めする次第である。それにより、あなたの身の上に良きことが次々と訪れるに違いない。

救霊のお問い合わせ、お申し込みは、ワールドメイト（連絡先は巻末）まで。


本書をお読みになっていかがお感じになっただろう。

私達も死ねば霊界へ行くし、霊達もかつては肉体の衣を着て生きていた。どちらが早く死んだかというだけで、本来、人も霊も全く同じ存在なのである。

生きている人間が幸せにならなければならないように、霊も幸せにならなければならない。そのためには、自らの正すべきところは正し、御魂を磨き続け、完成させていくことである。そしてやがては神人合一することである。

私たちはこの世の中で、修業をし、霊達は霊界で修業しているだけのことだ。そうして、それぞれ今いる世界は違っても、本来の目的は生きていても死んでからもずっと変わらないし、生まれ変わっても、また同じである。だから、それぞれの只今を精一杯、精進努力していくこと。すべては「それから」である。

深見東州氏の活動についてのお問い合わせは、下記までお願いいたします。
また、無料パンフレット（郵送料も無料）が請求できます。ご利用ください。

お問い合わせ　フリーダイヤル
0120-507-837

◎ワールドメイト

東京本部	TEL 03-3247-6781
関西本部	TEL 0797-31-5662
札幌	TEL 011-864-9522
仙台	TEL 022-722-8671
東京（新宿）	TEL 03-5321-6861
名古屋	TEL 052-973-9078
岐阜	TEL 058-212-3061
大阪（心斎橋）	TEL 06-6241-8113
大阪（森の宮）	TEL 06-6966-9818
高松	TEL 087-831-4131
福岡	TEL 092-474-0208

◎ホームページ
https://www.worldmate.or.jp

深見東州
(ふかみ とうしゅう)
プロフィール

本名、半田晴久。別名 戸渡阿見《ととあみ》。1951年に、甲子園球場近くで生まれる。㈱菱法律・経済・政治研究所所長。宗教法人ワールドメイト責任役員代表。

著作は、188万部を突破した『強運』をはじめ、ビジネス書や画集、文芸書やネアカ・スピリチュアル本を含め、300冊を越える。CDは112本、DVDは45本、書画は3482点。テレビやラジオの、コメンテーターとしても知られる。

その他、スポーツ、芸術、福祉、宗教、文芸、経営、教育、サミット開催など、活動は多岐にわたる。それで、「現代のルネッサンスマン」と呼ばれる。しかし、これらの活動目的は、「人々を幸せにし、より良くし、社会をより良くする」ことである。それ以外になく、それを死ぬまで続けるだけである。

海外では、「相撲以外は何でもできる日本人」と、紹介される事がある。しかし、本人は「明るく、楽しく、面白い日本人」でいいと思っている。

(2022年7月現在)

それからどうした

平成二十五年九月十四日　初版第一刷発行
令和四年十二月二十五日　初版第三刷発行

著　者　夏目そうしき
発行人　杉田百帆
発行所　株式会社　ＴＴＪ・たちばな出版
〒167-0053
東京都杉並区西荻南二丁目二〇番九号
たちばな出版ビル
電話　〇三-五九四一-二三四一（代）
FAX　〇三-五九四一-二三四八
ホームページ　https://www.tachibana-inc.co.jp/

印刷・製本　萩原印刷株式会社

ISBN978-4-8133-2486-7

スーパー開運シリーズ

各定価（本体1000円＋税）

●188万部突破のミラクル開運書―ツキを呼び込む四原則
強運　深見東州

あなたの運がどんどんよくなる！

仕事運、健康運、金銭運、恋愛運、学問運が爆発的に開ける。神界ロゴマーク22個を収録！

●84万部突破の金運の開運書。金運を呼ぶ秘伝公開！
大金運　深見東州

あなたを成功させる、金運が爆発的に開けるノウハウ満載！「金運を呼ぶ絵」付き!!

●39万部突破。ついに明かされた神霊界の真の姿！
神界からの神通力　深見東州

不運の原因を根本から明かした大ヒット作。
これほど詳しく霊界を解いた本はない。

●29万部突破。現実界を支配する法則をつかむ
神霊界　深見東州

人生の本義とは何か。
霊界を把握し、真に強運になるための奥義の根本を伝授。

●39万部突破。あなた自身の幸せを呼ぶ天運招来の極意
大天運　深見東州

今まで誰も明かさなかった幸せの法則。
最高の幸運を手にする大原則とは！

●28万部突破。守護霊を味方にすれば、爆発的に運がひらける！

大創運

深見東州

神霊界の法則を知れば、あなたも自分で運を創ることができる。項目別テクニックで幸せをつかむ。

●45万部突破。瞬間に開運できる！　運勢が変わる！

大除霊

深見東州

まったく新しい運命強化法！マイナス霊をとりはらえば、あしたからラッキーの連続！

●60万部突破。あなたを強運にする！　良縁を呼び込む！

恋の守護霊

深見東州

恋愛運、結婚運、家庭運が、爆発的に開ける！「恋したい人」に贈る一冊。

●45万部突破。史上最強の運命術

絶対運

深見東州

他力と自力をどう融合させるか、究極の強運を獲得する方法を詳しく説いた、運命術の最高峰！

●46万部突破。必ず願いがかなう神社参りの極意

神社で奇跡の開運

深見東州

あらゆる願いごとは、この神社でかなう！　神だのみの秘伝満載！　神社和歌、開運守護絵馬付き。

●スーパー開運シリーズ　新装版

運命とは、変えられるものです！

深見東州

運命の本質とメカニズムを明らかにし、ゆきづまっているあなたを急速な開運に導く！

◆心が風邪を引いたときに読む本。

コルゲン講話

東州ケロちゃん（又の名を深見東州）

定価（本体809円+税）

◆背後霊、守護霊が、あなたをいつも守っている。

背後霊入門

東州ダンシングフラワー（又の名を深見東州）

定価（本体809円+税）

◆正しく霊界のことを知れば、幸せになれる！

よく分かる霊界常識

東州イグアナ（又の名を深見東州）

定価（本体809円+税）

◆宇宙のパワーで強運をあなたのものに！

宇宙からの強運

東州土偶（又の名を深見東州）

定価（本体809円+税）

◆読むだけで人生が変わる！　恋も仕事も勉強も大成功

どこまでも強運

スリーピース東州（又の名を深見東州）

定価（本体809円+税）